Rund um materialgestütztes Schreiben

Kopiervorlagen für den Deutschunterricht in der Oberstufe

Erarbeitet von
Christel Ellerich, Lilli Gebhard
und Christian Rühle

Cornelsen

Redaktion: Dirk Held, Ottobrunn

Umschlagfoto: Fotolia © mitrija
Umschlaggestaltung: Ungermeyer, Berlin
Technische Umsetzung: FKW, Berlin

www.cornelsen.de

1. Auflage, 4. Druck 2021

Alle Drucke dieser Auflage sind inhaltlich unverändert und können im Unterricht nebeneinander verwendet werden.

Druck: H. Heenemann, Berlin

ISBN 978-3-464-61240-8

Inhaltsverzeichnis

Matrix zum Schreib- und Klausurtraining:
Themen, Textsorten, Materialien und Methoden 4
Vorwort und methodische Hinweise 6

Schritt für Schritt materialgestützt schreiben

Auf den Operator kommt es an!	Aufgabenstellungen verstehen; Operatoren definieren	7
Diagramme lesen und auswerten	Diagramme verstehen, beurteilen und mit Aussagen in Beziehung setzen	9
Texte und Inhalte in Beziehung setzen – grafische Übersichten	die Beziehung zwischen Texten und Inhalten grafisch veranschaulichen; geeignete Grafiken für verschiedene Aufgaben und Themen kennen und auswählen	11
Die gedankliche Struktur des Hauptteils entwickeln	Aspekte eines Themas sinnvoll verknüpfen	14
Einen Schreibplan erstellen	schrittweise einen Schreibplan für Einleitung, Hauptteil und Schluss eines Textes erstellen	15
Kohärent formulieren – Satzverknüpfungen	mit Konjunktionen und Adverbien Zusammenhänge verdeutlichen; lokale Kohärenz herstellen	19
Schreibtipps	analog zu Ratschlägen für das Verfassen von Romanen Tipps für das materialgestützte Schreiben entwickeln	20
Richtig zitieren	Zitierregeln kennen und anwenden	22
Überarbeiten – Tipps und Checkliste	Texte selbstständig überarbeiten	24
Überarbeiten – Adressatenkreis beachten	angemessen für verschiedene Adressatenkreise formulieren	25
Überarbeiten – verständlich schreiben	Kriterien für die Verständlichkeit eines Textes entwickeln	26
Steckbriefe zu argumentierenden Texten	differenzierter Überblick über Zweck, Argumentationsweise, Aufbau und Stilmittel der Textsorten Erörterung, Kommentar, Rede und Essay	28
Werkzeugkasten: Methoden	Überblick über Arbeitsschritte und Methoden beim materialgestützten Schreiben	30

Materialgestützt informierende Texte verfassen – Schreib- und Klausurtraining
(Aufgabenstellungen verstehen, Vorwissen aktivieren; Materialien gezielt lesen, analysieren und in Beziehung setzen; einen Schreibplan erstellen; den Text schreiben; den Text überarbeiten)

Mehrsprachigkeit 32
Studium und Beruf: Mediziner 37
Expressionismus 42
Multitasking und Lernverhalten 47

Materialgestützt argumentierende Texte verfassen – Schreib- und Klausurtraining
(Aufgabenstellungen verstehen, Vorwissen aktivieren; Materialien gezielt lesen, analysieren und in Beziehung setzen; einen Schreibplan erstellen; den Text schreiben; den Text überarbeiten)

Politisch korrekte Kinderbücher? 51
Kulturförderung 55
Internet – Mitbestimmung oder Manipulation? .. 60
Die Generation Y – Arbeiten und Leben 65
Anglizismen 70
Share Economy – Wollen Sie teilen? 75

Lösungen 80

Matrix zum Schreib- und Klausurtraining

	geforderte Textsorte	Materialien		
		Sachtexte	Diagramme	Karikaturen
Themen der informierenden Texte				
Mehrsprachigkeit	informativer Beitrag (für die Homepage der Schule)	•	•	
Studium und Beruf: Mediziner	Bericht (für eine Spezialausgabe der Schülerzeitung)	•	•	
Expressionismus	informativer Beitrag (für ein Programmheft)	•	•	
Multitasking und Lernverhalten	Leitfaden (für die Schülerzeitung)	•	•	
Themen der argumentierenden Texte				
Politisch korrekte Kinderbücher?	Essay (für ein Programmheft)	•		
Kulturförderung	Rede (für die Stadtratssitzung)	•		•
Das Internet – Mitbestimmung oder Manipulation?	Kommentar (für die Oberstufenzeitung)	•		•
Die Generation Y – Arbeiten und Leben	Erörterung (für eine Zeitschrift)	•	•	•
Anglizismen	Rede (für die Schüler-Uni)	•	•	•
Share Economy – Wollen Sie teilen?	Essay (für ein Trendmagazin)	•	•	•

Matrix zum Schreib- und Klausurtraining

Arbeitsschritte und Methoden						
Aufgaben-stellung verstehen	Vorwissen aktivieren	Materialien gezielt lesen / analysieren	Materialien in Beziehung setzen	einen Schreibplan erstellen	den Text schreiben	den Text überarbeiten
•	•	•	•	•	•	•
•	•	•	•	•	•	•
•	•	•	•	•	•	•
•	•	•	•	•	•	•
•	•	•	•	•	•	•
•	•	•	•	•	•	•
•	•	•	•	•	•	•
•	•	•	•	•	•	•
•	•	•	•	•	•	•
•	•	•	•	•	•	•

Vorwort und methodische Hinweise

Die Kopiervorlagen des Heftes **Rund um materialgestütztes Schreiben** ermöglichen es den Schülerinnen und Schülern, die neuen Aufgabenarten der **KMK-Bildungsstandards** schrittweise selbstständig zu erarbeiten.

Die Arbeitsblätter des ersten Kapitels (**„Schritt für Schritt materialgestützt schreiben“**) rücken jeden einzelnen Arbeitsschritt beim materialgestützten Schreiben unabhängig von den vorausgehenden oder nachfolgenden Arbeitsschritten in den Blick, sodass die Kopiervorlagen gezielt da eingesetzt werden können, wo Übungsbedarf besteht. Die jeweiligen methodischen Anforderungen werden dabei detailliert vorgestellt und eingehend trainiert. Die Kopiervorlagen haben zudem häufig einen Überblickscharakter, d. h., sie sind so konzipiert, dass sie im Anschluss an die Bearbeitung durch die Schülerinnen und Schüler zum Nachschlagen beim Schreib- und Klausurtraining weiterverwendet werden können. Es empfiehlt sich daher, etwa die Seiten zu den Operatoren oder zu den argumentierenden Textsorten so abzulegen, dass sie jederzeit greifbar sind. Selbstverständlich können Sie die Arbeitsblätter dieses Kapitels auch der Reihe nach bearbeiten lassen oder sie zu kleinen Lerneinheiten, etwa zum Thema „Texte überarbeiten“, zusammenstellen.

Das Schreib- und Klausurtraining im zweiten Kapitel (**„Materialgestützt informierende Texte verfassen“**) und im dritten Kapitel (**„Materialgestützt argumentierende Texte verfassen“**) bietet zu zehn konkreten und motivierenden Aufgabenstellungen eine Fülle von abwechslungsreichen, aktuellen Materialien, die sich in Bezug auf die Aufgabenstellung in sinnvoller Weise ergänzen, überschneiden, widersprechen usw. Neben zahlreichen kontinuierlichen Sachtexten finden sich hier auch Diagramme und Karikaturen. Außerdem wird im Anschluss an jede Materialsammlung noch einmal schrittweise zur Lösung der Aufgabenstellung angeleitet.

Insbesondere beim Schreiben argumentierender Texte wurde auf Vielfalt Wert gelegt, so wird neben der Pro-Kontra-Erörterung auch zum Verfassen von Reden, Essays und Kommentaren angeleitet. Jede angebotene Materialsammlung kann aber auch zum Schreiben einer anderen argumentierenden Textsorte genutzt werden. Sie könnten also z. B. alle sechs Materialsammlungen zur Grundlage einer Pro-Kontra-Erörterung machen. Grundsätzlich können Sie – wenn Sie die Aufgabenstellungen entsprechend anpassen – die Materialsammlungen für das argumentierende Schreiben durchaus auch für das informierende Schreiben nutzen.

Die **Matrix** auf den Seiten 4 und 5 gibt Ihnen einen Überblick über Themen, Methoden und geforderte Textsorten im Schreib- und Klausurtraining.

Auf den Operator kommt es an!

Die Verben in Aufgabenstellungen fordern Sie zum Handeln auf: „Analysieren Sie …“, „Erörtern Sie …“ – diese Aufforderungsverben sind klar definiert. Wenn Sie eine Aufgabe erfüllen wollen, müssen Sie diese Operatoren also kennen, um zu wissen, was von Ihnen verlangt wird.

Aufgabe

1. Hier finden Sie eine Liste wichtiger Operatoren. Ordnen Sie die Operatoren den Definitionen in der folgenden Tabelle (Seite 7 und 8) zu.

analysieren / untersuchen – begründen – ~~beschreiben~~ – beurteilen – bewerten – darstellen / wiedergeben – diskutieren / sich auseinandersetzen mit – einordnen / zuordnen / in Beziehung setzen – entwerfen / gestalten – entwickeln – erläutern / erklären – erörtern – erschließen / herausarbeiten – interpretieren / deuten – kritisch Stellung nehmen – prüfen / überprüfen – vergleichen / gegenüberstellen – zusammenfassen

Operatoren	Definitionen
1 beschreiben ______	genaue, eingehende, sachliche, auf Erklärung und Wertung verzichtende Darstellung von Personen, Situationen, Vorgängen
2 ______ ______	Zusammenhänge, Probleme, Inhalte unter einer bestimmten Fragestellung sachbezogen ausführen
3 ______ ______	Inhalte, Zusammenhänge, Texte komprimiert (der Reihe nach oder aspektorientiert) und sprachlich strukturiert mit eigenen Worten darlegen
4 ______ ______	Merkmale eines Textes, Sachverhaltes oder Zusammenhanges (im Hinblick auf bestimmte Aspekte) erschließen und zusammenhängend darstellen
5 ______ ______	einen Sachverhalt bzw. eine Aussage durch nachvollziehbare (Text-)Argumente stützen
6 ______ ______ ______	Sachverhalte unter Verwendung von Vorwissen begründet in einen historischen, literarischen, thematischen Zusammenhang stellen; Zusammenhänge zwischen vorgegebenen Aussagen, Sachverhalten, Problemstellungen oder selbst gewählten Gesichtspunkten begründet herstellen
7 ______ ______	Materialien, Sachverhalte oder Thesen ggf. mit zusätzlichen Informationen und Beispielen differenziert veranschaulichen, in einen Zusammenhang einordnen
8 ______ ______	aus Texten / Materialien bestimmte Sachverhalte herleiten, die nicht explizit genannt werden; Texten Informationen entnehmen

Fortsetzung auf Seite 8

Auf den Operator kommt es an!

Operatoren	Definitionen
9 ______________________	Gemeinsamkeiten, Ähnlichkeiten und Unterschiede ermitteln und darstellen
10 ______________________	zu einem Sachverhalt oder einer Aussage unter Verwendung von Fachwissen und Fachmethoden Stellung nehmen, um zu einer begründeten Einschätzung zu gelangen
11 ______________________	wie Operator „beurteilen", aber zusätzlich die eigenen Maßstäbe darlegen und begründen
12 ______________________	zu einzelnen Meinungen, Textaussagen, Problemstellungen eine in der Sache begründete, differenzierte und wertende Einschätzung formulieren (s. auch „bewerten" und „beurteilen")
13 ______________________	zu einer Problemstellung oder These eine Argumentation entwickeln, die zu einer begründeten Bewertung führt
14 ______________________	eine Textaussage, eine These, einen Sachverhalt usw. auf der Grundlage eigener Kenntnisse und Einsichten auf ihre/seine Angemessenheit hin untersuchen
15 ______________________	die Vielschichtigkeit einer These oder Problemstellung erkennen, eigene Gedanken dazu entfalten und verschiedene Standpunkte abwägend zu einem eigenen wertenden Urteil gelangen
16 ______________________	z. B. auf der Grundlage eines Textes eine kreative Idee in ein selbstständiges Produkt umsetzen
17 ______________________	einen eigenen Gedankengang zu einem Thema entfalten und Schlussfolgerungen ziehen
18 ______________________	auf der Grundlage einer sorgfältigen Analyse zu einer schlüssigen und begründeten Gesamtauslegung gelangen

Aufgaben

2. Ordnen Sie die Operatoren den folgenden drei Schwierigkeitsstufen zu:
   I. Reproduktion (= Wiedergabe),
   II. Reproduktion und Transfer (= Wiedergabe und Übertragung),
   III. Reflexion und Problemlösung.

3. Entwerfen Sie für sieben der genannten Operatoren konkrete Aufgabenstellungen.

Diagramme lesen und auswerten

Diagramme haben einen großen Vorteil: Sie können auf wenig Raum sehr viele Informationen übersichtlich darstellen. Mit dieser komprimierten Darbietung von Informationen verbindet sich aber auch ein hoher Anspruch an die Leser, die die einzelnen, durch Zahlen dargestellten Informationen inhaltlich zueinander in Beziehung setzen und dabei gewissermaßen den Inhalt des Diagramms im Kopf ausformulieren müssen.

Relevanz von Politik und öffentlichem Leben nach Einschätzung der Studierenden (1993–2013)

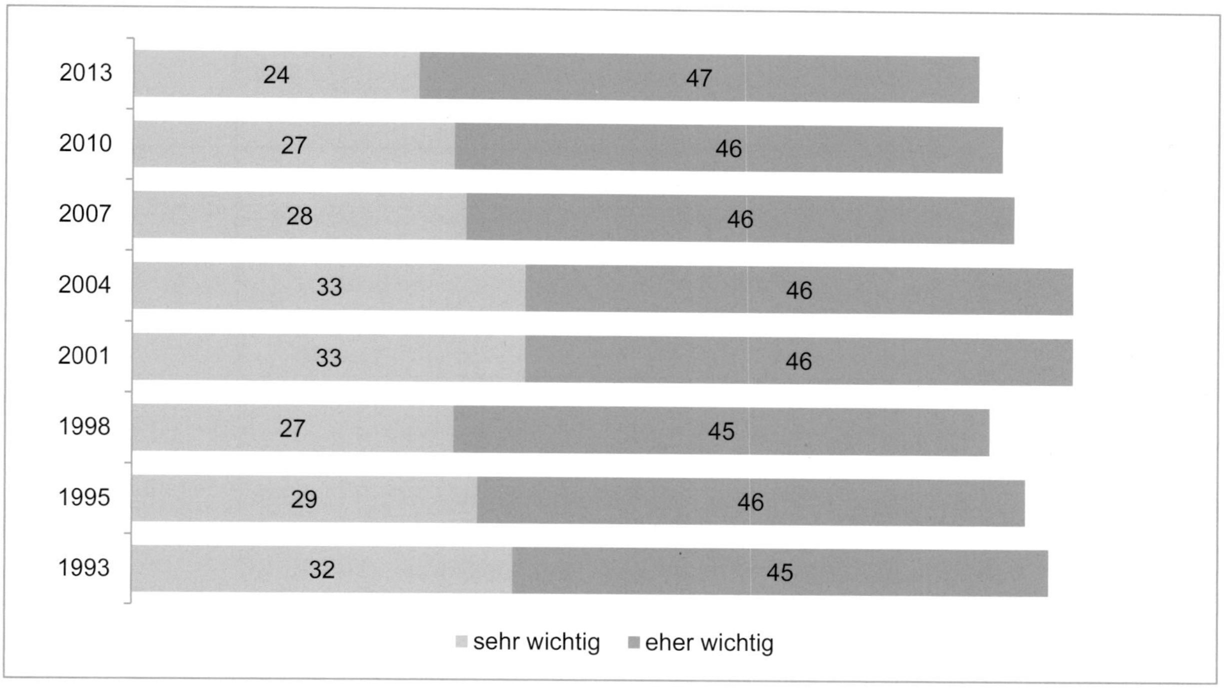

(Skala von 0 = völlig unwichtig bis 6 = sehr wichtig; Angaben in Prozent für die Kategorien 3–4 = eher wichtig, 5–6 = sehr wichtig
Anzahl der Befragten: 4884)

Nach: Bundesministerium für Bildung und Forschung, 2014. Quelle: Studierendensurvey 1993–2013, AG Hochschulforschung, Universität Konstanz

Aufgaben

1. Worum geht es in diesem Diagramm?
   a) Formulieren Sie den Titel des Diagramms noch einmal mit eigenen Worten.

   ____

   b) Notieren Sie, in welchen Einheiten auf der x- und in welchen auf der y-Achse (= waagerechte und senkrechte Achse) gemessen wird.

   ____

   c) Überlegen Sie, wo Sie sich in diesem Diagramm einordnen würden.

2. Nicht selten sparen Diagramme aus Platzgründen mit Informationen, die ihre Leser auch im Kopf ergänzen können. In dem oben abgedruckten Balkendiagramm ist sogar eine ganz wesentliche Kategorie ausgespart.
   a) Lesen Sie alle Beschriftungen des Diagramms genau. Was wird durch die Balken dargestellt und was nicht?
   b) Zeichnen Sie das Diagramm noch einmal – dieses Mal vollständig! – in Ihr Heft.
   Tipp: Verwenden Sie für die einzelnen Balken jeweils drei Farben.

Fortsetzung auf Seite 10

Fortsetzung von Seite 9

Diagramme lesen und auswerten

Aufgaben

3. Sehen Sie sich die Informationen, die das Diagramm liefert, genauer an.
   a) Wo sind die niedrigsten und wo die höchsten Zahlen zu finden? Notieren Sie.

   ____

   b) Formulieren Sie zu drei Balken Aussagesätze, z. B.:
   Im Jahr 2013 schätzten 24 % der Befragten …

   ____

   ____

   ____

   c) Ziehen Sie Vergleiche zwischen zwei Balken Ihrer Wahl und formulieren Sie Ihre Beobachtung.

   ____

   ____

4. Beurteilen Sie einzelne Ergebnisse, die das Diagramm darstellt.
   a) Notieren Sie in einem Satz, welche Ergebnisse Sie auffällig/überraschend/interessant oder im Gegenteil unauffällig/erwartbar/uninteressant finden.

   ____

   ____

   b) Fügen Sie nun einen Satz hinzu, der erklärt, warum Sie das Ergebnis so einschätzen, z. B.:
   Ich halte das Ergebnis für auffällig, weil … / Ich halte das Ergebnis für erwartbar, weil …"

   ____

   ____

5. Als wichtigstes Ergebnis des Diagramms wird im begleitenden Forschungsbericht sinngemäß gesagt:

   2013 ist der Anteil Studierender, denen Politik unwichtig ist, erstmals größer als der Anteil der Studierenden, die Politik sehr wichtig nehmen. Diese Umkehr in der Verteilung ist insofern bemerkenswert und problematisch, als das Interesse an Politik und öffentlichem Leben als Voraussetzung für eine aktive demokratische Teilhabe betrachtet werden kann.

   Diskutieren Sie, ob Sie dieser Aussage zustimmen oder ob Sie die Faktenlage anders beurteilen.

6. Beziehen Sie die Aussagen des Diagramms auf die folgende Aussage einer jungen Erwachsenen, die seit Kurzem berufstätig ist. Schreiben Sie in Ihr Heft.

   Politikverdrossenheit wird, meiner Ansicht nach, von den Jugendforschern häufig falsch gedeutet. Sie bedeutet für mich und für viele Leute in meinem Bekanntenkreis nicht, dass uns die Politik egal ist, dass uns z. B. das Thema soziale Gerechtigkeit nicht interessiert. Nur suchen wir eben nach Formen des Engagements jenseits des eingefahrenen Parteibetriebs, bei dem es doch nur um die Sicherung von Machtpositionen geht. Würden Forscher nicht danach fragen, ob man z. B. Parlamentsreden für wichtig hält, sondern konkreter danach, ob die Themen „Alterssicherung", „Freie Meinungsäußerung" oder der Umgang mit dem Internet für die junge Generation relevant sind, kämen sie bestimmt zu ganz anderen Ergebnissen.

Texte und Inhalte in Beziehung setzen – grafische Übersichten

Viele Materialien, viele Informationen, viel Zitierbares, viele eigene Gedanken – da gilt es den Überblick zu bewahren. Grafische Verfahren helfen dabei, Übereinstimmendes, Gegensätzliches, Ergänzendes übersichtlich darzustellen.

A Dreieck
Wie oder warum hängen A, B und C zusammen?

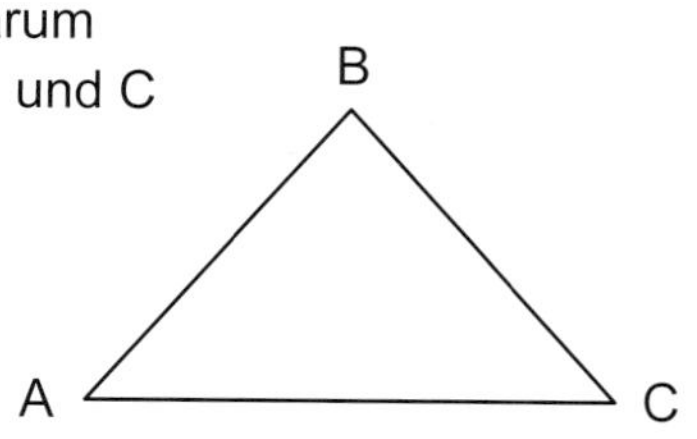

B Ursache und Wirkung
C resultiert aus B und B aus A.

C Stammbaum
Aus A folgt B und aus A folgt C.

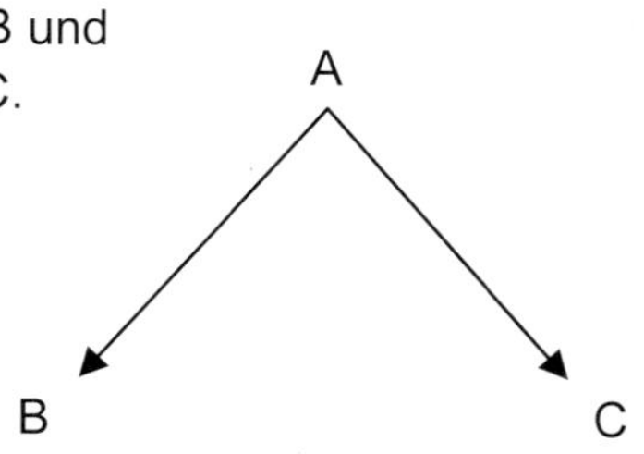

D Kreisdiagramm
Auf A folgt B, folgt C, und dann beginnt es wieder bei A.

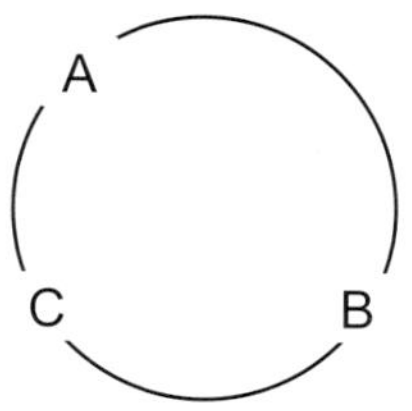

E Mindmap
Aus A ergibt sich B und C.
Aus B ergibt sich B_1, B_2, B_3.

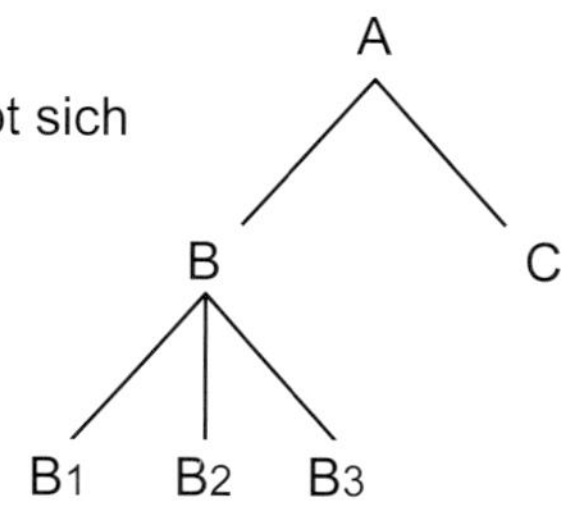

F Schnittmengendiagramm
Gemeinsamkeiten von A und B, B und C, C und A.

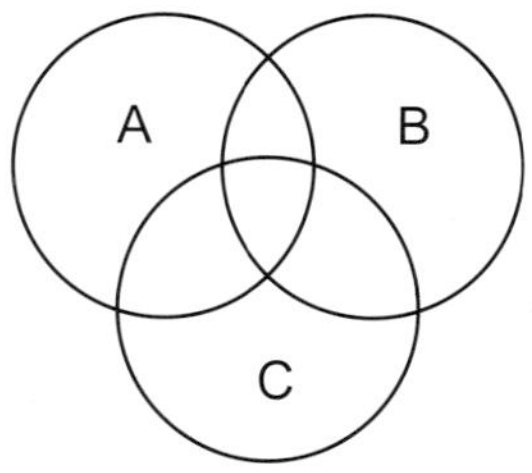

G Pro-Kontra-Diagramm
A spricht *gegen* B.
C spricht *für* B.

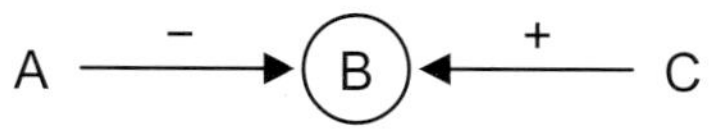

H Zweidimensionales Achsenmodell
Die A- und die B-Achse sind unterschiedliche Parameter. Die Kurve C zeigt ein mögliches Verhältnis zwischen ihnen.
Alternative:
4-Felder-Matrix. Dabei werden anstatt Kurven Positionen dargestellt.

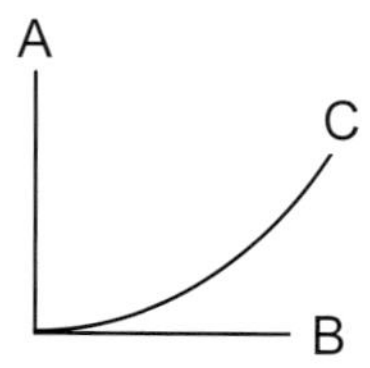

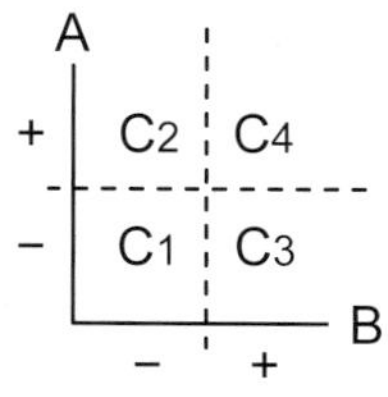

Fortsetzung auf Seite 12

Fortsetzung von Seite 11

Texte und Inhalte in Beziehung setzen – grafische Übersichten

I Dreidimensionales Achsenmodell
Zu den Achsen A und B wird ein dritter Parameter, die C-Achse, hinzugefügt. Es können verschiedene Werte ins Koordinatensystem eingetragen werden.

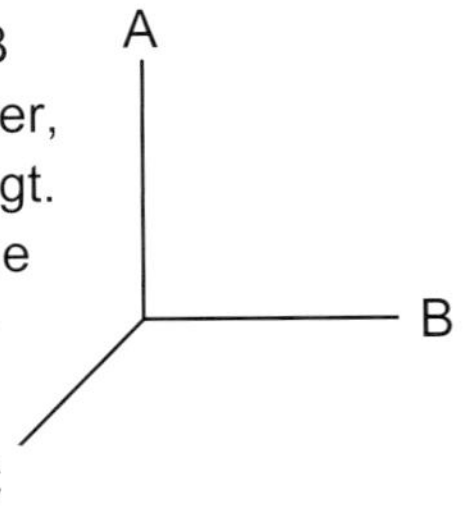

J Pol-Modell
Die Enden der Parameter sind einander entgegengesetzt: schwarz – weiß oder links – rechts. Es können verschiedene Positionen dargestellt werden.

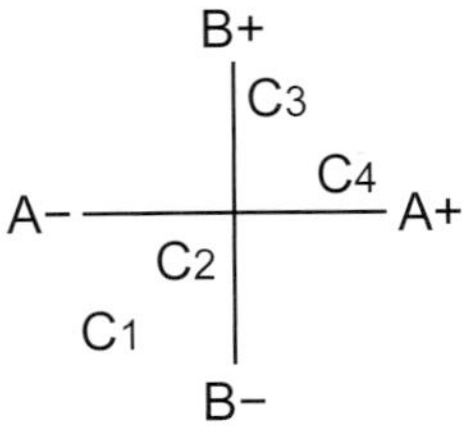

K Tabelle
Für Auflistungen und Kombinationen von A, B, C und D.

	A	B
C	AC	BC
D	AD	BD

L Pyramide
A ist das stärkste Argument, dann folgt B usw.

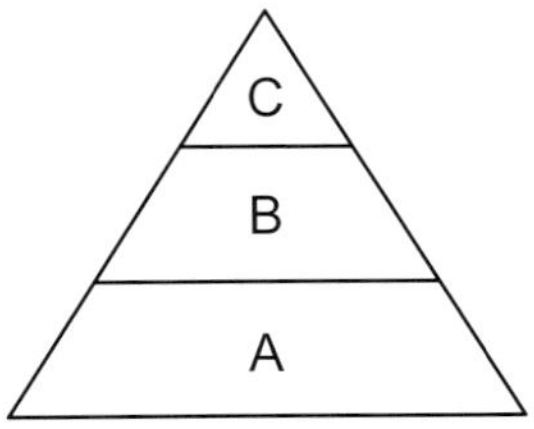

Aufgaben

1. Betrachten Sie die grafischen Modelle auf den Seiten 11 und 12 zunächst genauer. Welche sind Ihnen bekannt, welche sind Ihnen neu?

2. Ordnen Sie die Modelle:
   - Wo geht es um Gegensätze und/oder Gemeinsamkeiten?
   - Wo geht es um Entwicklungen?
   - Wo geht es um Ordnung?
   - Welche Modelle setzen wenige Punkte zueinander in Beziehung, welche viele?

3. Diskutieren Sie, welche Modelle Sie für die folgenden Teilbereiche des materialgestützten Schreibens für besonders geeignet halten:
   - Sie wollen die Ideen, die Sie zuvor in einem Cluster gesammelt haben, sinnvoll ordnen.
   - Sie wollen vorhandene Ideen weiterentwickeln, zum Beispiel Folgen aufzeigen.
   - Sie wollen die Überzeugungskraft von Argumenten gewichten.
   - Sie wollen Gegensätze und/oder Gemeinsamkeiten aufzeigen.
   - Sie wollen den Aufbau Ihres Textes planen.

Fortsetzung auf Seite 13

Fortsetzung von Seite 12

Texte und Inhalte in Beziehung setzen – grafische Übersichten

Aufgaben

4. Die grafischen Modelle helfen Ihnen nur, wenn Sie den Umgang mit ihnen trainiert haben. Ziehen Sie daher eine der folgenden Karten und skizzieren Sie Ihre Lösung in Form des genannten Modells.

A A sind die Schüler, B die Lehrkräfte, C die Eltern – wie hängen die drei zusammen? Versehen Sie die Linien mit möglichst vielen Aussagen.

B Setzen Sie für A die Aussage: „Der Ölpreis wird weiter fallen" ein. Fügen Sie so viele Glieder der Kette wie möglich an.

C Setzen Sie für A folgendes Gedankenspiel: Doping im Sport wird freigegeben. Notieren Sie so viele direkte logische Folgen wie möglich.

D Startpunkt A besteht in der Feststellung: „Ich arbeite zu viel." Mit Ihrer Folgerungskette müssen Sie wieder zu A zurück. Die Anzahl der Kettenglieder ist beliebig.

E A ist das „Ehrenamtliche Engagement" – entwickeln Sie hierzu eine Mindmap.

F Drei ähnliche Begriffe: Urlaub, Freizeit, Muße. Zeigen Sie, worin sich die Begriffe überlagern und unterscheiden.

G Bei B wird gefordert: „Museen sollten nach Besuchszeit abrechnen: Wer länger bleibt, zahlt mehr."

H Die Achse B zeigt das Alter eines Menschen, die Achse A, wie viel Kontakt man zu seinen Eltern hat. Überlegen Sie, wie ein typischer Graf aussehen könnte. Zeichnen Sie auch einen Grafen, der den Kontaktwunsch der Eltern im Laufe der Zeit zeigt.

I A zeigt das Einkommen, B das Prestige und C die Sinnhaftigkeit. Tragen Sie im Achsenmodell möglichst viele Berufe ein.

J Die Achse A steht für die Spanne zwischen „sympathisch" und „unsympathisch", die Achse B für die Spanne zwischen „fortschrittlich" und „konservativ". Positionieren Sie Prominente Ihrer Wahl dort, wo Sie sie sehen.

K Es soll fächerübergreifend unterrichtet werden. A steht für das Fach Deutsch, B für Mathematik, C für Biologie, D für Sport. Finden Sie gemeinsame Themen, die behandelt werden können, und erweitern Sie die Matrix noch um weitere Felder.

L Nennen und ordnen Sie gute Argumente dafür, kein Smartphone zu besitzen.

5. Lesen Sie die Texte auf den Seiten 55 bis 57. Wählen Sie ein geeignetes Modell und setzen Sie die Aussagen der Texte mit Hilfe des Modells in Beziehung zueinander.

Die gedankliche Struktur des Hauptteils entwickeln

Jeder informierende Text sollte einer gedanklichen Struktur folgen. Diese im Schreibplan (Seite 15 ff.) festgelegte Struktur dient nicht nur Ihnen selbst zur Orientierung, sondern hilft – wenn sie klar und gut nachvollziehbar ist – auch Ihren Leserinnen und Lesern dabei zu verstehen, wie die Informationen und Aspekte in Ihrem Text zusammenhängen.

Aufgaben

Clip Dealer / Rob Stark

Der rote Faden

1. Machen Sie sich anhand der vier unterlegten Tabellenzeilen klar, welche Strukturierungsmöglichkeiten es gibt.

2. Ergänzen Sie die Eintragungen.

Ursachen	**Wirkungen**	**Folgen**
bei kaltem Wetter zu dünn angezogen	starke Erkältung	Klausur muss nachgeschrieben werden
abends zu viel Kaffee getrunken	sehr spät eingeschlafen	
Vergangenheit	**Gegenwart**	**Zukunft**
oft zu dünn angezogen und krank geworden	angemessene Kleidung	hoffentlich weniger Erkältungen
	am Abend eher Getränke ohne Koffein	
Problem	**Lösung**	**Umsetzung**
häufige Erkältungen	Vorbeugung durch angemessene Kleidung	
Einschlafschwierigkeiten		
Frage	**Antwort**	**Folgerung**
	Erkältungen durch unangemessene Kleidung	
	koffeinhaltige Getränke am Abend	

3. Spielen Sie die Strukturierungsmöglichkeiten anhand verschiedener Themen mündlich im Kurs oder schriftlich in Ihrem Heft durch. Sie können auf die folgenden Stichwörter zurückgreifen:

Dialekt – Klimaerwärmung – episches Theater – Angst vor Referat – Share Economy

Einen Schreibplan erstellen

Bevor Sie mit der Niederschrift Ihres Textes beginnen, sollten Sie Ihre Gedanken in einem Schreibplan strukturieren. Dabei bringen Sie alle relevanten Informationen und Aspekte in eine sinnvolle und gut nachvollziehbare Reihenfolge, sodass auch Ihren Leserinnen und Lesern klar wird, wie die Informationen und Aspekte zusammenhängen. Nach der Niederschrift des Textes können Sie sich anhand Ihres Schreibplans auch noch einmal vergewissern, ob Sie alle wichtigen Aspekte berücksichtigt haben.

Aufgaben

1. Lesen Sie die folgende Aufgabenstellung genau und markieren Sie alle inhaltlichen Aspekte, die Sie bearbeiten sollen.

Aufgabenstellung

1. Anlässlich der Hundertjahrfeier Ihrer Schule – des Schillergymnasiums – hat sich die Schulleitung für eine Projektwoche und eine Festschrift entschieden. Ihrem Deutschkurs fällt dabei die Aufgabe zu, Friedrich Schillers Drama „Kabale und Liebe" vorzustellen. Informieren Sie Ihre Leserinnen und Leser auf der Grundlage der Materialien M 1 – M 5 und Ihrer Kenntnisse aus dem Unterricht über das Werk und seine Entstehungsgeschichte. Gehen Sie auch auf den Gattungsbegriff „bürgerliches Trauerspiel" ein.

2. Nach sorgfältiger Auswertung der Materialien haben sich für den **Hauptteil** Ihres Textes die folgenden fünf Aspekte ergeben:

Aspekt 1:
Intention des Dramas

Aspekt 3:
kurze Zusammenfassung des Inhalts von „Kabale und Liebe"

Aspekt 5:
zeitgeschichtliche Hintergründe bei der Entstehung des Dramas

Aspekt 2:
biografische Hintergründe bei der Entstehung des Dramas

Aspekt 4:
„Kabale und Liebe" als bürgerliches Trauerspiel

a) Sehen Sie Möglichkeiten, zwei der oben genannten Aspekte zu einem zusammenzufassen?
b) Bringen Sie die Aspekte in eine vorläufige Reihenfolge, indem Sie die Zettel nummerieren.
c) Begründen Sie kurz, warum Sie sich für diese Reihenfolge entschieden haben.

Fortsetzung auf Seite 16

Einen Schreibplan erstellen

Aufgabe

3. Die folgenden gedanklichen Strukturen bieten sich für viele informierende Texte an, wobei die Schrittfolge jeweils auch variieren kann:
   - Ursache → Wirkung → Folgen
   - Vergangenheit → Gegenwart → Zukunft
   - Problem → Lösung → Umsetzung
   - Frage → Antwort → Folgerung

   a) Überlegen Sie, welche Struktur für Ihren Text besonders überzeugend ist, und kreuzen Sie an.

Gliederung des Hauptteils			
	1. Abschnitt	**2. Abschnitt**	**3. Abschnitt**
A	**Ursache**	**Folge**	**Wirkung**
☐	Welche Erlebnisse prägen Schiller vor der Entstehung des Dramas? = Vergangenheit	Wie bringt er diese Erlebnisse in sein Drama ein? = Gegenwart	Was bezweckt er mit dem Drama? = Zukunft
B	**Problem**	**Lösung**	**Umsetzung**
☐	Welches Problem beschäftigt Schiller?	Was ist nötig, um dieses Problem zu lösen?	Was tut Schiller, um das Problem zu beseitigen?
C	**Frage**	**Antwort**	**Folgerung**
☐	Wie sind die politischen und sozialen Verhältnisse zu Schillers Lebzeiten?	• Absolutismus • Ständegesellschaft • Inhumanität	Vorführung der Verhältnisse auf dem Theater zum Zweck ihrer Veränderung

   b) Ordnen Sie die folgenden drei Ausführungen den Strukturen in 1a) zu. Notieren Sie den entsprechenden Buchstaben in den Kästchen.

☐ **Zuerst:** Schiller zweifelt den Absolutismus als Staatsform und das Ständesystem als gottgegebene Gesellschaftsordnung an.
Dann: Abschaffung des Absolutismus und soziale Gleichbehandlung von Menschen.
Schließlich: Möglichkeiten des Theaters; „Kabale und Liebe" als Stück, das die gesellschaftlichen Probleme in das Bewusstsein der Menschen rückt; bürgerliches Trauerspiel als geeignete Form.

☐ **Zuerst:** Darstellung der prägenden Ereignisse aus Schillers Leben und seiner Zeit (Absolutismus in Baden-Württemberg, Hofnähe, Mätressen des Herzogs, Soldatenhandel, Zwangsrekrutierung an Karlsschule, Standesschranken als Hindernis für Liebende).
Dann: Aufzeigen der Parallelen zwischen Schillers Leben und seinem Werk.
Schließlich: Vorführung gesellschaftlicher Missstände auf dem Theater mit dem Ziel, eine langfristige Änderung herbeizuführen; bürgerliches Trauerspiel als geeignete Form.

☐ **Zuerst:** Frage nach politischen und sozialen Verhältnissen zu Schillers Lebzeiten.
Dann: Darstellung der politischen und gesellschaftlichen Missstände.
Schließlich: „Kabale und Liebe" als Drama, das die sozialpolitischen Missstände der Zeit akzentuiert, um langfristig eine Veränderung herbeizuführen; bürgerliches Trauerspiel als geeignete Form.

Fortsetzung auf Seite 17

Einen Schreibplan erstellen

Aufgaben

4. Sie haben sich für die folgende Struktur entschieden. Notieren Sie nun, welche Aspekte aus Aufgabe 2 Sie wo und in welcher Reihenfolge einbringen wollen.

Struktur:	**Ursache**	**Folge**	**Wirkung**
	Welche Erlebnisse prägen Schiller?	Wie bringt er diese Erlebnisse in sein Drama ein?	Was bezweckt er mit dem Drama?
Notizen zu den Aspekten:			

5. Planen Sie die **Einleitung** Ihres Textes.
   a) Informieren Sie in einem Satz über Anlass und Ziel Ihres Textes.

____

____

   b) Wecken Sie das Interesse Ihrer Leserinnen und Leser. Dafür gibt es u. a. die folgenden Möglichkeiten:
   - Finden Sie einen aktuellen Aufhänger, mit dem sich ein inhaltlicher Bogen zum Thema schlagen lässt.
   - Beginnen Sie mit einem passenden Schillerzitat, das ungebrochen aktuell, prägnant, möglicherweise sogar provokant ist.
   - Formulieren Sie selbst einen originellen Gedanken, der vielleicht zunächst unpassend scheint, und schlagen Sie dann den Bogen zum Thema.
   - Beginnen Sie mit einer persönlichen Erfahrung.

   Formulieren Sie zwei Varianten für eine Einleitung. Nehmen Sie dafür die Informationen aus Aufgabe 3b und ggf. Ihr Vorwissen zur Hilfe.

1. Variante mit Zitat:
„Die Gerichtsbarkeit der Bühne fängt an, wo das Gebiet der weltlichen Gesetze sich endigt."

____

____

____

____

2. Variante Ihrer Wahl

____

____

____

____

Fortsetzung auf Seite 18

Einen Schreibplan erstellen

Aufgaben

6. Planen Sie mit Hilfe der Informationen aus Aufgabe 3b und ggf. mit Hilfe Ihres Vorwissens den **Schluss** Ihres Textes.
   a) Ziehen Sie ein mögliches **Fazit.**

___

___

___

   b) Geben Sie einen Ausblick. Vermittelt das Drama Inhalte, die auch in Zukunft noch von Bedeutung sein werden?

___

___

___

7. Formulieren Sie eine **Überschrift** für Ihren Text. Sie sollte Ihre Leser auf Ihren Text einstimmen und/oder neugierig machen.
   a) Ordnen Sie den folgenden Möglichkeiten die Vorschläge A bis D zu. Schreiben Sie in die Kästchen.

   ☐ sachliche Überschrift ☐ Teilaspekt hervorheben
   ☐ Metapher oder Wortspiel ☐ Zitat

   A. Kabale und Liebe – „Ist *lieben* denn Frevel ...?" (V. 1)
   B. Schillers „Kabale und Liebe" – Anlass und Hintergründe
   C. „Kabale und Liebe" – Feuerwerk der Gefühle
   D. „Kabale und Liebe" – Liebe im Absolutismus

   b) Notieren Sie zwei eigene Überschriften.

   Überschrift 1: ___

   Überschrift 2: ___

8. Mit der folgenden **Checkliste** können Sie die Vollständigkeit Ihres Schreibplans überprüfen. Nutzen Sie die Checkliste auch für die Klausuren (S. 32–79) in diesem Heft.

☐ Überschrift
☐ Einleitung
- Anlass und Ziel des Textes werden genannt
- interessante Informationen werden gegeben / Interesse wird geweckt

☐ strukturierter Hauptteil
- 1. Aspekt
- 2. Aspekt
- 3. Aspekt

☐ Schluss
- Fazit oder Ausblick

Kohärent formulieren – Satzverknüpfungen

Um für Ihre Leserinnen und Leser verständlich zu sein, braucht Ihr Text nicht nur inhaltlich einen roten Faden (= globale Kohärenz). Auch die Zusammenhänge zwischen den Sätzen (= lokale Kohärenz) müssen deutlich und gut nachvollziehbar sein. Mit verknüpfenden Konjunktionen und Adverbien können Sie diese Zusammenhänge herstellen.

	Konjunktionen und Adverbien
konditional Bedingung	wenn, sofern, sobald, falls, sonst, andernfalls, je nachdem …
kausal Grund	denn, weil, da, dadurch, zumal, daher, deshalb, darum, deswegen …
temporal Zeit	als, bevor, ehe, nachdem, während, sobald, sooft, zuvor, darauf, dabei, bis, seitdem, solange …
final Ziel, Zweck	dass, damit, um zu, auf dass, deswegen, wozu, dazu, dafür, darum …
konsekutiv Folge	sodass, um zu, also, folglich, somit, dann, infolgedessen …
kopulativ Verbindung, Reihung	beziehungsweise, nicht nur …, sondern auch, sowie, sowohl … als auch, weder … noch, und …
adversativ Gegensatz	aber, sondern, doch, jedoch, während, trotzdem, anstatt dass …
alternativ mehrere Möglichkeiten	beziehungsweise, entweder … oder, oder …
konzessiv Einräumung	obwohl, trotzdem, wie … auch, dennoch …
modal Art und Weise	als, als ob, als wenn, außer dass, dadurch dass, indem, insofern (als), insoweit (als), ohne dass, soweit, soviel, wie, wie wenn …

Aufgaben

1. Markieren Sie in dem folgenden Textausschnitt vier Satzverknüpfungen.
   Benennen Sie mit Hilfe der Tabelle oben jeweils die Art der Satzverknüpfung.

> Nachdem der Referent die Vorteile der Mehrsprachigkeit dargestellt hatte, kam er auf die Möglichkeit eines Auslandsjahres zu sprechen. Selbst wenn es nötig werden sollte, im Anschluss viel Lernstoff nachzuholen, überwögen die Vorteile doch deutlich. Denn ein Jahr im Ausland fördere nicht nur die Sprachkenntnis, sondern auch die Persönlichkeit.

2. Sie sollen zum Thema „Auslandsjahr" einen Beitrag für die Schülerzeitung schreiben. Formulieren Sie die Einleitung zu diesem Beitrag und achten Sie dabei auf sinnvolle Satzverknüpfungen.
   Tipp: Der Textausschnitt in Aufgabe 1 kann Ihnen Anregungen für Ihre Einleitung geben.

Schreibtipps

Kann ein professioneller Schriftsteller, ein Literat, Tipps für das Verfassen materialgestützter Texte geben? Kann er! Allerdings müssen Sie die Ratschläge für Romanciers noch in Ratschläge für Schülerinnen und Schüler verwandeln, die einen Bericht, einen Essay oder auch eine Rede verfassen sollen.

Shutterstock/zakalinka

Aufgaben

1. Lesen Sie den Text und markieren Sie die Tipps, die Johanus gibt.

2. Notieren Sie in der rechten Spalte,
   - welche Tipps Ihnen für das materialgestützte Schreiben geeignet erscheinen,
   - welche Tipps Sie ändern und anpassen müssen,
   - was Sie für einen Ratgeber zum materialgestützten Schreiben noch ergänzen müssen.

   Tipp: Mit Hilfe des „Werkzeugkastens: Methoden" (S. 30 f. in diesem Heft) können Sie sich schnell einen Überblick über die Abläufe beim materialgestützten Schreiben verschaffen.

Marcus Johanus: Wieso ich lieber schnell schreibe als gut (2012)

Je schneller ich schreibe, desto wahrscheinlicher ist es, dass ich ein Projekt auch wirklich beende. Mit anderen Worten: Meine Produktivität steigt. Gut Ding will Weile haben und einen Roman in wenigen Wochen oder gar Tagen herunterreißen – dabei kann doch nur Schund entstehen, höre ich schon den berechtigten Einwand. Stimmt auch – aber nur teilweise. Diesem Gedanken liegt das Missverständnis zu Grunde, dass Romane geschrieben werden. Werden sie nicht.

Romane werden nicht geschrieben, sie werden editiert

Man sollte nie den Fehler machen und einen Romanentwurf mit einem Roman verwechseln. Denn: Ich schreibe einen Entwurf für einen Roman, keinen Roman. Der fertige Roman ist das Produkt, das entsteht, wenn ich meinen Entwurf wieder und wieder editiere, also überarbeite.

Kreatives und dramatisches Schreiben gliedert sich in mehrere Phasen. Je genauer ich diese Phasen voneinander trenne, desto wahrscheinlich ist es, dass ich am Ende einen fertigen Roman in den Händen halten kann.

1. Phase: Vorbereitungen

In diese Phase fällt alles, was ich tun muss, bevor ich mit dem Schreiben beginne. Hier erledige ich die Recherche, entwerfe ich Figuren, erarbeite den Plot und brainstorme und clustere, was das Zeug hält. Erst, wenn alle wesentlichen Teile – also die Figuren, der Plot und das Setting – eines Romans vor mir liegen, kann ich mit dem – schnellen! – Schreiben beginnen.

Notizen

Fortsetzung auf Seite 21

Fortsetzung von Seite 20

Notizen

2. Phase: Schreiben

Beim Schreiben geht es darum, so schnell wie möglich einen ersten Entwurf für meinen Roman zustande zu bekommen. Jetzt heißt es: Schreiben, bis die Finger bluten. Hier gewinne ich keine Preise für Stil und Rechtschreibung. Je kürzer diese Phase ist, desto besser.
Warum? Berechtigte Frage – und ich habe sogar eine Antwort: James N. Frey nennt diese Phase „Den Traum noch einmal träumen". Stephen King sagt dazu „Schreiben bei geschlossener Tür". Beides sind wunderbare Bilder, die visualisieren, was gemeint ist.
Schon einmal einen Tagtraum gehabt und dabei gedacht: „Hey, cool, das ist eine tolle Idee für meinen Roman!" Diese Tagträume sind die Keimzellen der Kreativität. Stunden oder Tage später sitze ich am Laptop, denke an den Tagtraum zurück und frage mich: „Verflixt, wie war das noch mal?" Was dann zu Papier gebracht wird, ist nur ein blasses Abbild des Gemäldes, das ich beim Tagtraum vor dem inneren Auge hatte.
Damit die Frische, die Vitalität dieses Augenblicks festgehalten werden kann, muss ich bei geschlossener Tür meinen Traum träumen, um die vielen tollen Einfälle nicht zu vergessen, um im Fluss zu bleiben. Das geschieht nur, wenn ich den Entwurf so schnell wie möglich am Stück schreibe.

3. Phase: Überarbeiten

Eigentlich sollten Schriftsteller lieber Überarbeiter heißen. Wie der Bildhauer alle überflüssigen Teile eines Steins wegklopft, um seine Skulptur zum Vorschein zu bringen, tilgt der Autor beim Überarbeiten alles Ungehobelte aus dem ersten Entwurf, bis ein Roman entsteht.
Diese Phase ist die längste im ganzen Schreibprozess. Hier nehme ich mir die meiste Zeit und arbeite am gründlichsten und langsamsten, um an jedem Satz und jedem Wort zu feilen. Erst jetzt erlaube ich es mir, in Phase eins zurückzukehren, etwas noch einmal zu recherchieren, das ich bisher nicht gründlich genug nachgeschlagen habe, eine Figur zu verändern, bis sie passt, oder dem Plot noch die eine oder andere überraschende Wendung zu verschaffen.

Aus: http://marcusjohanus.wordpress.com/2012/05/03/wieso-ich-lieber-schnell-schreibe-als-gut/ (entnommen: 20.10.2014)

Aufgabe

3. Formulieren Sie auf der Grundlage Ihrer Vorarbeiten und analog zum Text von Johanus einen Ratgeber für Ihre Mitschüler, in dem Sie Tipps für das Schreiben eines materialgestützten Textes geben. Achten Sie auf die Satzverknüpfungen in Ihrem Text.

Richtig zitieren

Das Aufgabenformat verlangt von Ihnen „materialgestützt einen informierenden oder argumentierenden Text zu verfassen". Sie sollen sich also bei Ihrer Arbeit auf gegebene Materialien beziehen. Aber was heißt „beziehen" in diesem Zusammenhang und wie macht man das richtig?

Aufgaben

1. Die folgenden Formulierungen fordern Sie zur Nutzung des beigefügten Materials auf. Aber wie umfassend muss das Material einbezogen werden? Sind die Materialien sehr eingehend zu berücksichtigen **(A)** oder steht es Ihnen frei, nur wenige, geeignete Informationen aus den Materialien zu nutzen **(B)** und mehr eigene Gedanken zu formulieren? Kreuzen Sie an.

Erarbeiten Sie dabei, welche Positionen in den Texten vertreten werden.	A ☐	B ☐
Die beigefügten Materialien 1–5 bieten Ihnen Anregungen für Ihre Stellungnahme.	A ☐	B ☐
Nutzen Sie für Ihre Rede auch Kerngedanken aus den beigefügten Materialien.	A ☐	B ☐
Verwenden Sie für Ihre Darstellung die Informationen aus den beigefügten Materialien.	A ☐	B ☐
Verfassen Sie auf der Grundlage der beigefügten Materialien Ihren Bericht.	A ☐	B ☐

2. Wozu zitieren? Besprechen Sie mit Ihrem Nachbarn, warum es nötig ist, Gedanken anderer kenntlich zu machen.

3. Machen Sie sich mit den folgenden Regeln zum Zitieren vertraut.

Wörtliches Zitieren und sinngemäßes Zitieren (= paraphrasieren)
- Zitieren Sie wörtlich, setzen Sie das Zitat in Anführungszeichen und geben Sie die Belegstelle danach genau an: *„Schwarmintelligenz ist keine Intelligenz im gewöhnlichen Sinn", wie Sascha Lobo sagt (Material 1, Z. 25).*
- Zitieren Sie sinngemäß, geben Sie mit eigenen Worten den Inhalt eines Textes/Textausschnitts wieder und belegen mit der Abkürzung vgl. (= vergleiche):
Sascha Lobo hält Schwarmintelligenz für eine besondere Intelligenzform (vgl. Material 1, Z. 25f.).

Die Stellung des wörtlichen Zitats im Satz
- **Voranstellung:** *„Weiser lässt sich das nicht formulieren" (Material 1, Z. 75), schließt Lobo seine Kolumne.*
- **Nachstellung:** *Sascha Lobo schließt seine Kolumne mit den Worten: „Weiser lässt sich das nicht formulieren" (Material 1, Z. 75).*
- **Einfügung in die eigene Aussage:** *Lobos Urteil „Weiser lässt sich das nicht formulieren" (Material 1, Z. 75) trifft es genau.*

Länge und Menge der Zitate
- Sie sollten nur sehr gezielt zitieren. Schließlich steht Ihr Text im Vordergrund und Sie stützen sich lediglich auf die Materialien.
- Zitieren Sie aus zwei Zeilen, belegen Sie z. B. mit *„Z. 3f."* für „Zeile 3 und die folgende", bei mehreren Zeilen schreiben Sie *„Z. 3ff."* für „3 und die weiteren 3–5 Zeilen". Zitieren Sie aus längeren Textabschnitten, sieht der Beleg so aus: *„Z. 3–10".*

Änderungen bei einem wörtlichen Zitat
- Auslassungen müssen mit *[…]* gekennzeichnet werden.
- Eine Kasusendung kann durch eckige Klammern angehängt werden (z. B. *des „Internet[s]"*).
- Zur Erläuterung oder zur Vermeidung von Bezugsfehlern kann in eckigen Klammern eine Zusatzinformation gegeben werden: *„dafür setzt er [Sascha Lobo] sich besonders ein" (vgl. Material 1, Z. 15).*

Fortsetzung auf Seite 23

Aufgaben

4. Korrigieren Sie die Zitate in der rechten Spalte mit Hilfe der Zitierregeln aus Aufgabe 3. Fassen Sie jeweils mit wenigen Worten zusammen, worin der Fehler besteht.

Originaltext	Zitate
Sascha Lobo: Den Schwarm interessiert nur das Ergebnis (2013) Nach anfänglichem Zögern engagierte die akademische Administration den Wiener Architekten Christopher Alexander. Dieser war überzeugt, dass die Studenten selbst besser als jeder Spezialist wüssten, wie der Campus umgebaut werden müsse. Seinen Plan für betreutes Gruppengestalten veröffentlichte er später in Buchform unter dem Titel „The Oregon Experiment". Dieses Experiment beinhaltete eines der einleuchtendsten Beispiele für das, was Schwarmintelligenz sein kann und was nicht. Um die Wegeführung zu verbessern, wurde das Gelände zwischen den Gebäuden der Universität planiert. Dann wurde Rasen ausgesät. Wo das Gras nach ein paar Monaten heruntergetrampelt war, teerte man neue Wege. Dieses Verfahren, als *Desire Lines* bezeichnet, brachte das effizienteste Wegenetz hervor, kein einzelner Landschaftsgestalter hätte die Wege exakt so anlegen können. Darin liegt der Schlüssel zum Verständnis der Schwarmintelligenz: Der zweite Teil des Worts ist im Deutschen (wie auch „Weisheit") schlicht irreführend. *Nach: http://www.spiegel.de/netzwelt/web/sascha-lobo-missverstaendnis-schwarmintelligenz-a-891986.html*	a) Lobo beschreibt, wie der Wiener Architekt Alexander engagiert wurde. (Z. 1) Fehler: ____________ ____________ b) „Anfängliches Zögern" (Z. 1) ging nach Lobo dem Engagement von Christopher Alexander voraus. Fehler: ____________ ____________ c) „Dieses Verfahren brachte das effizienteste Wegenetz hervor" (Z. 16 ff.), berichtet Lobo. Fehler: ____________ ____________ d) „[K]ein einzelner Landschaftsgärtner hätte die Wege exakt so anlegen können" (vgl. 18 f.), sagt Lobo. Fehler: ____________ ____________

5. Spielen Sie das richtige Zitieren nun noch einmal selbst am Text von Sascha Lobo durch.
   - Fügen Sie ein wörtliches Zitat in eine eigene Aussage ein:

     ____

     ____
   - Zitieren Sie eine Textstelle sinngemäß:

     ____

     ____
   - Zitieren Sie eine Textstelle mit Auslassungen.

     ____

     ____

Überarbeiten – Tipps und Checkliste

Mit Hilfe dieser Seite – den Fragen, den Tipps und der Checkliste – können Sie Ihre Texte überarbeiten.

Wurden alle relevanten Informationen/Argumente/Aspekte mit Blick auf das Thema ausgewählt und ggf. um zusätzliches Wissen aus dem Unterricht ergänzt?
Tipp: Markieren Sie wichtige Textstellen und entscheiden Sie dann, ob Sie eigenes Wissen ergänzen können.

Wurde auf Aspekte verzichtet, die für das Thema nicht relevant sind?
Tipp: Streichen Sie Informationen/Argumente/Aspekte, die für Ihr Thema nicht relevant sind oder die sich nur wiederholen.

Weist Ihr Text eine klare gedankliche Struktur auf?
Tipp: Prüfen Sie die gedankliche Struktur Ihres Textes Absatz für Absatz. Ist es bei einem Absatz nicht möglich, seine Funktion schnell und klar zu benennen, sollte er genauer durchdacht und überarbeitet werden.

Gliedert Ihr Text sich in Überschrift, Einleitung, Hauptteil und Schluss?
Tipp: Prüfen Sie, ob die Schnittstellen in Ihrem Text inhaltlich klar erkennbar sind. Wenn nicht, überarbeiten Sie die Struktur noch einmal.

Ist Ihr Text angemessen und verständlich formuliert?
Tipp 1: Achten Sie auf die Adressatengruppe Ihres Textes.
Tipp 2: Stellen Sie sich eine Person vor, die mit der Thematik Ihres Textes nicht vertraut ist, und versuchen Sie, Ihren Text aus der Perspektive dieser Person zu bewerten. Überarbeiten Sie, falls nötig.

Zitieren bzw. paraphrasieren Sie korrekt?
Tipp: Suchen Sie zu den Informationen/Argumenten, die Sie in Ihrem Text verwendet haben, die zugrunde liegenden Materialien und prüfen Sie, ob Sie Ihre Quellen korrekt benannt haben.

Ist Ihr Text sprachlich richtig (Rechtschreibung, Grammatik, Zeichensetzung)?
Tipp: Fokussieren Sie beim Korrekturlesen die einzelnen Wörter, ein überfliegendes Lesen ist zu ungenau, um Fehler zu finden.

Checkliste für die Überarbeitung	**–**	**+**
Haben Sie alle wichtigen Informationen aufgenommen?		
Haben Sie eigenes Wissen einbezogen?		
Haben Sie überflüssige Informationen/Argumente weggelassen?		
Hat Ihr Text eine klare gedankliche Struktur?		
Haben Sie eine (informative) Überschrift formuliert?		
Hat Ihr Text Einleitung, Hauptteil und Schluss?		
Haben Sie angemessen und mit Blick auf den Adressaten formuliert?		
Ist Ihr Text verständlich? Haben Sie an Satzverknüpfungen gedacht?		
Haben Sie Quellen benannt und korrekt zitiert?		
Haben Sie Grammatik, Zeichensetzung und Rechtschreibung geprüft?		

Überarbeiten – Adressatenkreis beachten

In welchem Stil Sie Ihren Text schreiben, hängt außer von der geforderten Textsorte auch von der Frage ab, für wen Sie schreiben. Je nachdem, ob Sie z. B. einen Beitrag für die erwachsene Leserschaft einer Literaturzeitschrift oder einen Bericht für Ihre Mitschülerinnen und Mitschüler schreiben, kann eine unterschiedliche Sprache angemessen sein.

Aufgaben

1. Notieren Sie – unterschieden nach sozialen und beruflichen Rollen – mögliche Adressatengruppen.

   soziale Rolle: Kind, ______________________

   berufliche Rolle: Schüler, ______________________

2. Für welchen Adressatenkreis ist der folgende Text Ihrer Ansicht nach geschrieben? Begründen Sie.

   ____

   ____

   ____

Julia Bähr: Indonesien als literarische Schatzkammer (2014)

Nach der Buchmesse ist vor der Buchmesse: Indonesien wird 2015 als Gastland seine Literatur präsentieren. Sie ist besonders – vor allem in ihrer Darbietung.

In einer zusammenwachsenden Welt gibt es immer weniger, das sich exotisch anfühlt. Selbst Neuseeland, von Deutschland fast so weit entfernt, wie es nur geht, sorgte als Ehrengast der Buchmesse 2012 mit seinem Haka-Tanz für eher mildes Interesse. Schließlich kennt man ihn von sportlichen Wettkämpfen aus dem Fernsehen. Und auch die Darbietung von Literatur unterscheidet sich nur in wenigen Fällen von der hierzulande üblichen: Ein Mensch sitzt da und liest vor.

Im nächsten Jahr bekommt die Buchmesse es aber mit einem Gastland zu tun, in dem das nicht die Regel ist. Auch fristet die Lyrik dort nicht nur ein Orchideendasein. „Die Lyrik ist ein besonders populäres Genre der modernen indonesischen Literatur", erklärt der Malaiologe Berthold Damshäuser, der indonesische Sprache und Literatur an der Universität Bonn lehrt und für das indonesische Lyrikmagazin „Jurnal Sajak" arbeitet. „Lyriklesungen finden häufig vor Hunderten von Zuhörern statt." Das Erfolgsgeheimnis dieser Veranstaltungen ist ihr Unterhaltungswert: Die Lyriker deklamieren mit viel Pathos und die Lesungen kommen fast einer szenischen Umsetzung gleich. „Sehr populär ist auch die Musikalisierung von Lyrik, in deren Rahmen Texte von Bands vertont werden", sagt Damshäuser.

Diese Musikalisierung durften die Besucher auf der diesjährigen Buchmesse gleich mehrfach erleben. Eine kleine Band spielte Lieder aus Java, bei denen das Publikum sogar mitsang. Und die balinesische Sängerin und Performerin Ayu Laksmi brachte die Geschichte „Arjunawiwaha" zu Gehör: ein Stück Literatur aus dem elften Jahrhundert, das von den Verführungen handelt, denen der Prinz Arjuna während seiner Versenkung in die Meditation zu widerstehen hat. Sie spielte dazu auf einem vor allem in Java verbreiteten Instrument namens Penting, dessen neun Saiten mit einem Plektrum angeschlagen werden. Die Tonhöhe hingegen erzeugt der Spielende mit Tasten. Dazu sang Ayu Laksmi die Verse, die anschließend von einer Dame ins Deutsche übersetzt wurden. Es klang gedehnt und melancholisch, ungewöhnlich und anmutig. […]

Aus: http://www.faz.net/aktuell/feuilleton/buchmesse/themen/frankfurter-buchmesse-2015-gastland-indonesien-13204150.html (entnommen: 20.10.2014)

3. Wählen Sie aus Aufgabe 1 zwei Adressatenkreise aus und formulieren Sie je einen Absatz des Textes so um, dass die Sprache für den jeweiligen Adressatenkreis angemessen ist.

Überarbeiten – verständlich schreiben

Aufgabe

1. Forscher haben herausgefunden, dass Verständlichkeit in der Kommunikation auf vier Voraussetzungen beruht.
   a) Lesen Sie sich die Tabelle durch und überlegen Sie, welche Kategorien für einen informierenden Text besonders wichtig und welche weniger wichtig sind.

einfach	**+2**	**+1**	**0**	**−1**	**−2**	**kompliziert**
einfache Darstellung						komplizierte Darstellung
kurze, einfache Sätze						lange, verschachtelte Sätze
geläufige Wörter						seltene Wörter
Fachwörter erklärt						Fachwörter nicht erklärt
anschaulich						unanschaulich

gegliedert	**+2**	**+1**	**0**	**−1**	**−2**	**zusammenhanglos**
folgerichtig						zusammenhanglos, wirr
übersichtlich						unübersichtlich
Unterscheidung von Wesentlichem und Unwesentlichem						keine Unterscheidung von Wesentlichem und Unwesentlichem
roter Faden						kein roter Faden

kurz und genau	**+2**	**+1**	**0**	**−1**	**−2**	**weitschweifig**
aufs Wesentliche beschränkt						viel Unwesentliches
gedrängt						breit
aufs Ziel konzentriert						abschweifend
knapp						ausführlich

interessant	**+2**	**+1**	**0**	**−1**	**−2**	**uninteressant**
anregend						nüchtern, farblos
abwechslungsreich						monoton
persönlich						unpersönlich

   b) Überlegen Sie, welche Kriterien zu den argumentierenden Textsorten Erörterung, Rede, Essay und Kommentar passen.
   Tipp: Lesen Sie die Steckbriefe zu den argumentierenden Textsorten (Seite 28 f.).

Fortsetzung auf Seite 27

Aufgaben

2. Erstellen Sie sich selbst Tabellen mit einer Skala von +2 bis −2, mit deren Hilfe Sie die Verständlichkeit Ihrer Texte überprüfen können.
   a) Legen Sie anlog zu der Tabelle auf Seite 26 in Ihrem Heft eine Tabelle für informierende Texte an. Nehmen Sie nur auf, was für informierende Texte relevant ist.
   b) Teilen Sie die argumentierenden Textsorten im Kurs auf und legen Sie eine weitere Tabelle für Ihre argumentierende Textsorte an. Überlegen Sie abermals, welche Aspekte relevant sind. Sie dürfen auch umformulieren und umschichten.
   c) Tauschen Sie Ihre Tabellen zu den argumentierenden Textsorten untereinander aus.

3. Bewerten Sie die Verständlichkeit des folgenden Textes anhand der Tabelle auf Seite 26. Machen Sie, wenn notwendig, Verbesserungsvorschläge und überarbeiten Sie den Text hinsichtlich seiner Verständlichkeit.

Thomas de Padova: Warum reagiert ein Touchscreen auf Berührung? (2010)

Beim Fahrkartenkauf am Automaten verliere ich gelegentlich den Überblick. Wie kommt man hier zu einem 10-Uhr-Monatsticket für den Tarifbereich AB des Berliner Nahverkehrsnetzes? Anhand der Menüleiste ist das weder auf den ersten noch auf den zweiten Blick zu begreifen. Kürzlich sah ich dabei wieder einmal so alt aus, dass mir ein elf- oder zwölfjähriger Junge – „Kann ich helfen?" – vormachte, wie man dieses Problem löst.
Völlig unbekümmert springt die Generation Touchscreen am Bildschirm vor und zurück. Für kleine Jungs und Mädchen steht außer Frage, dass der Monitor auf ihre Fingerbewegungen reagiert. War doch immer schon so! Für mich ist es noch heute ein kleines Wunder.
Touchscreens bestehen oft aus mehreren, übereinander liegenden Platten, etwa einer Glasplatte und einer flexiblen Kunststofffolie. Beide sind mit einer dünnen, transparenten Schicht überzogen, die den elektrischen Strom leitet. Als Material für eine solche Beschichtung eignet sich Indium-Zinn-Oxid.
Solange der stumme Diener auf Kunden wartet, werden die beiden Schichten von winzigen Abstandshaltern auf Distanz gehalten. Berührt man den Bildschirm jedoch mit den Fingern, bringt man die Schichten miteinander in Kontakt. Anhand dieses elektrischen Kontakts erkennt der Automat die Position und damit den Menüpunkt, den der Klient gewählt hat.
Das gelingt, weil beide Schichten zusammen ein Koordinatensystem aus Längen- und Breitengraden bilden, wenn an jede von ihnen eine elektrische Spannung angelegt wird. Aufgrund ihres elektrischen Widerstandes fällt diese Spannung in der einen Schicht zum Beispiel von links nach rechts ab, in der anderen von oben nach unten.

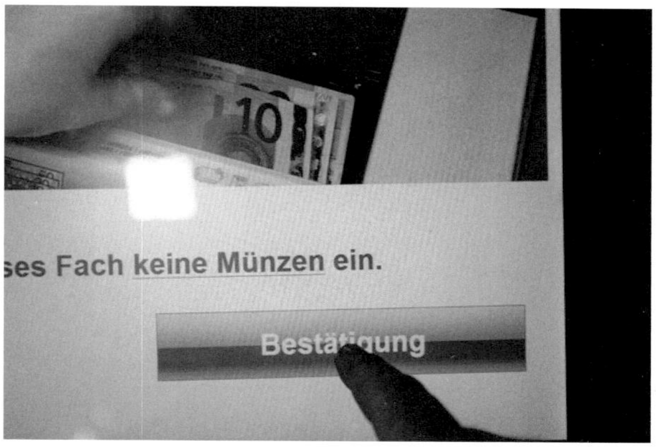

Jens Gyarmaty / VISUM

„Der elektrische Widerstand ist linear über jede der beiden Flächen verteilt", sagt der Nachrichtentechniker Karl-Friedrich Kraiss, Emeritus des Instituts für Mensch-Maschine-Interaktion der Rheinisch-Westfälischen Technischen Hochschule Aachen. „Durch den Kontakt teilt man den Gesamtwiderstand sowohl in horizontaler als auch in vertikaler Richtung." Jedem Punkt auf dem Schirm entsprechen somit zwei Spannungswerte. Die Koordinaten sind eindeutig. Sie werden an das Steuergerät und die Software des Automaten weitergegeben, der blitzschnell reagiert.
Die hier beschriebene Methode ist preiswert. Daneben gibt es etliche andere technische Lösungen für berührungsempfindliche Bildschirme. Auch Ultraschallwellen kommen zum Einsatz. Wie eine Insel im Flusslauf stört ein Finger die Ausbreitung dieser Wellen.

Aus: Thomas de Padova, Schlau nach acht. Wissen für den Feierabend, Piper Verlag: München 2010, S. 138f.

Steckbriefe zu argumentierenden Texten

Aufgabe

1. Informieren Sie sich in der Tabelle über die Unterschiede und Ähnlichkeiten argumentierender Texte.

	strukturierter, schematischer ⟷			*freier, verspielter, literarischer*
Kategorie	**Erörterung**	**Kommentar**	**Rede**	**Essay**
Länge (in Abituraufgaben)	• frei	• ca. 800 Wörter	• ca. 1200 Wörter	• ca. 1500 Wörter
Zweck	• objektive Darstellung konkurrierender Argumentationen (meist zweier Seiten), dann Entscheidung	• Aufklärung des Lesers • (Hintergrundinformationen fließen knapp ein)	• Darstellung und Auseinandersetzung mit einem Problem • Beeinflussung der Zuhörer	• spielerisch-freie Entfaltung eines Gedankengangs • Experimentcharakter
Positionierung des Autors	• objektive Darstellung durch distanziertes Abwägen, dann Stellungnahme	• meist klare Positionierung des Autors	• klare Positionierung des Redners oder • Darlegung des Problems ohne Positionierung	• keine objektive Darstellung • der Autor ist als Verfasser des Textes deutlich spürbar
Art der Argumentation	• deutlich und ausführlich argumentierend • klarer Aufbau	• zügig • Argumente auch bündelnd bzw. zusammenfassend	• einprägsam argumentierend, dabei Verstand und Emotion der Zuhörer ansprechend	• argumentativ, jedoch auch beschreibend oder sogar erzählend • auch Unentschiedenheit/ Unentschlossenheit ist denkbar
Leser/ Hörer	• Leser braucht keine größere Vorbildung, da der Sachverhalt für ihn überzeugend entwickelt wird	• ein vorinformierter Leser wird mit zusätzlichen oder überraschenden Argumenten/Einsichten für die Position des Autors gewonnen	• Adressatengruppe hat einen großen Einfluss auf die Gestaltung der Rede	• gebildeter Leser, der mit komplexen Gedankengängen, Ironie und Anspielungen umgehen kann
Einleitung (typischerweise)	• Beispiel • Gedanke zum Thema • Keine Argumente in der Einleitung! • Nennung der Themenfrage	• auf das Thema eingehend, das Thema umreißend	• Hörerinteresse weckend • Nennung des Problems oder • Nennen der Meinung	• ein Beispiel, eine konkrete Situation • ein ungewöhnlicher Gedanke

Fortsetzung auf Seite 29

Fortsetzung von Seite 28

Steckbriefe zu argumentierenden Texten

	strukturierter, schematischer ⟷ freier, verspielter, literarischer			
Kategorie	**Erörterung**	**Kommentar**	**Rede**	**Essay**
Struktur im Hauptteil	• Pro und Kontra im Wechsel, wobei Gegenargumente direkt entkräftet werden, oder Pro und Kontra in Blöcken, zuerst die Gegenseite (vom stärksten zum schwächsten Argument), dann die eigene Position (vom schwächsten zum stärksten Argument) • Dreischritt bei Argumenten: Behauptung, Begründung, Beispiel(e) und/oder Belege	• zum Beispiel Darstellung der eigenen Position und anschließend Begründungen • kein schematischer, aber doch ein klarer Aufbau	• Aufbau mit Blick auf die Wirkungsabsicht (die Intention) der Rede • einfache Argumente, die Verstand und Emotion ansprechen • Dreischritt: Behauptung, Begründung, Beispiel(e) und/oder Belege	• keine geradlinige Struktur, aber um einen roten Faden mäandernd • umkreisend • assoziativer Gedankenspaziergang • Entwickeln der Gedanken vor den Augen des Lesers • geplante Zufälligkeit
Schluss	• Synthese • abrundender Schlussgedanke	• originell • auf den Punkt gebracht	• Zusammenfassung der Argumente • Ausblick • Appell	• Ergebnis oder Eingeständnis der Ergebnislosigkeit
Stilmittel	• verknüpfende und strukturierende Formulierungen (Des Weiteren …; Darüber hinaus …; Am wichtigsten aber erscheint …)	• stilistisch höheres Niveau als bei der Erörterung • verstecktere, implizitere Überleitungen als bei der Erörterung • ironische Elemente möglich	• Ansprache an den Hörer (Wir-Gefühl, Aufforderungen) • Bilder und klare Gegensätze zur Emotionalisierung • Satzbau, der das Hörverstehen erleichtert	• Ansprache an den Leser • Gesprächscharakter • stilistisch höchstes Niveau

Aufgabe

2. Untersuchen Sie verschiedene Texte einer überregionalen Tageszeitung mit Hilfe der Tabelle auf ihre Merkmale.

Werkzeugkasten: Methoden

Die folgenden Punkte helfen Ihnen beim materialgestützten Schreiben. Sie sind nicht alle abzuarbeiten, sondern stellen einen Katalog dar, aus dem Sie – je nach Aufgabenstellung, Materialvorgabe und Textart, die Sie schreiben sollen – die passenden Werkzeuge auswählen können.

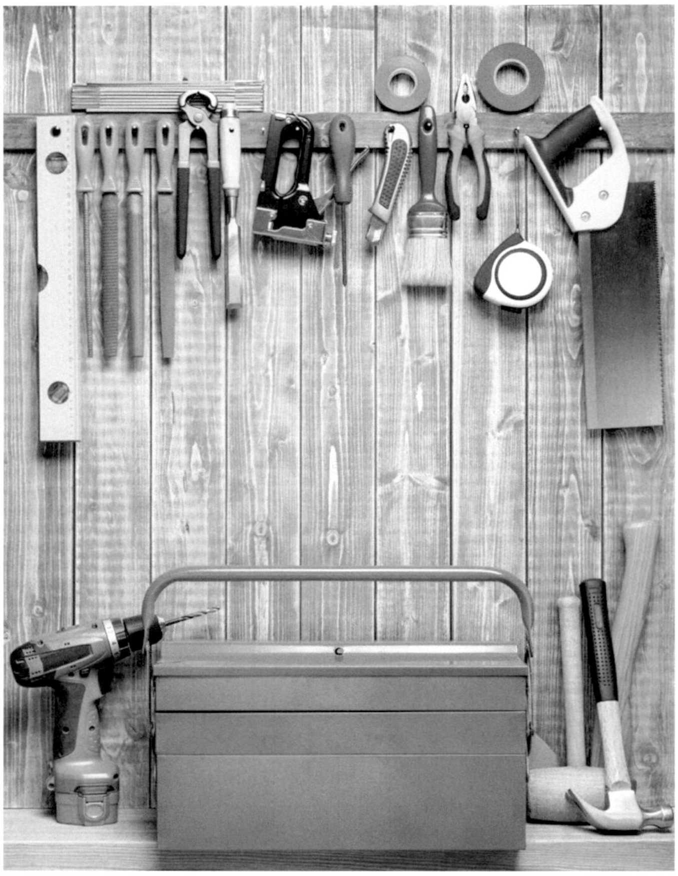

Donatas Jaraminas

1. VORBEREITUNG

Aufgabenstellung

- Welche Operatoren enthält die Aufgabenstellung?
- Was verlangen die Operatoren von Ihnen?
- Welche Schlüsselbegriffe enthält die Aufgabenstellung?
- Welche Schlüsselbegriffe müssen definiert oder erklärt werden?
- Wer ist der Adressat Ihres Textes?
- Wie ist mit den beigefügten Materialien umzugehen?
- Formulieren Sie die Aufgabenstellung in eigenen Worten.

Eigene Gedanken

- Erstellen Sie ein Cluster zum Thema.
- Notieren Sie, was Ihnen spontan zum Thema einfällt.
- Beziehen Sie das Thema auf immer größere Bereiche (Einzelne, Familie, Freunde, Beruf, Gesellschaft).
- Notieren Sie Antworten zum Thema anhand der W-Fragen (Wer? Was? Wie? Warum? usw.).

Erste Textbegegnung

- Welche Schwerpunkte setzen die Überschriften der Materialien?
- Prüfen Sie Ihren ersten Eindruck, den Sie bei der Lektüre der Überschriften gewonnen haben, indem Sie die Materialien zügig lesen und mit eigenen Worten ein gemeinsames Oberthema formulieren.

Fortsetzung auf Seite 31

Fortsetzung von Seite 30

2. ANALYSE

- Lesen Sie die Texte gezielt. Markieren Sie entscheidende Textstellen.
- Setzen Sie die Materialien in einem Schaubild in Beziehung zueinander. Gibt es Gegensätze, Übereinstimmungen, Differenzierungen?
- Untergliedern Sie die Texte in Sinnabschnitte. Geben Sie jedem Sinnabschnitt eine Überschrift.
- Verfassen Sie einen Abstract zum Text.
- Bestimmen Sie die Position des Autors.
- Markieren Sie These/Begründung/Beispiel mit unterschiedlichen Farben oder tragen Sie diese in eine Tabelle ein.

3. PLANUNG

- Rufen Sie sich in Erinnerung, welche Anforderungen der zu schreibende Text (Rede, Kommentar, Essay, Bericht, Erörterung usw.) stellt. In diesem Heft finden Sie auf Seite 28 f. übersichtliche Steckbriefe zu argumentierenden Textsorten.
- Vergegenwärtigen Sie sich, wer Ihre Adressaten sind und welche Auswirkungen dies auf Ihren Text haben sollte.
- Beziehen Sie Ihre eigenen Erfahrungen mit ein.
- Beziehen Sie Ihr Wissen aus dem Unterricht mit ein.
- Gewichten und ordnen Sie Ihre Argumente je nachdem, welche Position Sie vertreten.
- Erstellen Sie eine Gliederung.
- Erstellen Sie eine Mindmap.
- Überprüfen Sie die Qualität der Argumente.
- Überprüfen Sie, ob Gedanken oder Argumente sich teilweise überlagern.

4. AUSFÜHRUNG

- Formulieren Sie Einleitung, Schluss und Hauptteil auf der Basis Ihrer Vorarbeiten.
- Formulieren Sie eine interessante und treffende Überschrift für Ihren Text.
- Achten Sie je nach Textart, die Sie schreiben sollen, auf eine angemessene Stillage.

5. ÜBERARBEITUNG

- Setzen Sie ausreichend Zitate ein?
- Ist alles korrekt zitiert?
- Haben Sie abwechslungsreich formuliert? Vergleichen Sie Ihre Absatzanfänge – wiederholen sie sich?
- Haben Sie bei informativen Texten oder Textabschnitten sachlich formuliert?
- Hat Ihr Text eine nachvollziehbare gedankliche Struktur?
- Haben Sie Ihren Text in Einleitung, Hauptteil und Schluss gegliedert?
- Haben Sie auf korrekte Grammatik, Rechtschreibung und Zeichensetzung geachtet?
- Überarbeiten Sie Ihren Text in einer Schreibkonferenz.

Mehrsprachigkeit

Materialgestützt einen informierenden Text verfassen

Aufgabenstellung

1. Sie sind Schülerin/Schüler eines Gymnasiums mit einem ausgeprägten sprachlichen Profil. An Ihrer Schule soll am 26. September der „Tag der Europäischen Sprachen" in besonderer Weise begangen werden. Sie sind gebeten worden, einen Beitrag für die Homepage der Schule zu verfassen, um über die Wichtigkeit des Fremdsprachenerwerbs (in der Schule) zu informieren. Verfassen Sie auf der Grundlage der Materialien M 1 – M 4 und Ihrer Kenntnisse aus dem Unterricht Ihren Text.

M 1 Androulla Vassilious: Mehrsprachigkeit in der EU (2012)

Die Europäische Kommission unterstützt die Mehrsprachigkeit und den Fremdsprachenerwerb, um 1. den interkulturellen Dialog und eine inklusivere Gesellschaft zu fördern, 2. das Zugehörigkeitsgefühl der Bürgerinnen und Bürger zur EU zu stärken, 3. jungen Menschen Chancen für ein Studium und eine Erwerbstätigkeit im Ausland zu eröffnen und 4. EU-Unternehmen, die im internationalen Wettbewerb stehen, neue Märkte zu erschließen. Ziel ist ein Europa, in dem jeder von klein auf Unterricht in mindestens zwei Fremdsprachen neben der Muttersprache erhält. Das Ziel „Muttersprache +2" wurde von den EU-Staats- und Regierungschefs im März 2002 auf dem Gipfel in Barcelona festgelegt.

Pressemitteilung der Europäischen Kommission in Brüssel vom 20. September 2012.
Aus: http://europa.eu/rapid/press-release_IP-12-990_de.htm

M 2 Louisa Knobloch: Das Mehr an Sprache nutzen (2014)

Von Integration bis zu besseren Chancen auf dem globalen Arbeitsmarkt: An der Uni Regensburg diskutierten Experten über Chancen der Mehrsprachigkeit.

Regensburg. Eine Realschule in der Region: Rund die Hälfte der Schüler hier wächst mehrsprachig auf – mit Russisch, Polnisch, Französisch, aber auch Vietnamesisch, Urdu oder Kisuaheli. 25 verschiedene Sprachen haben Studierende der Universität Regensburg bei ihrer Umfrage an der Schule gezählt. „Mehrsprachige Familien sind in Regensburg längst kein exotischer Einzelfall mehr, sondern Lebensrealität", sagt Prof. Dr. Rupert Hochholzer, Professor für Deutsch als Zweitsprache an der Universität Regensburg. Für die Bildungspolitik und die Gesellschaft sei es eine große Herausforderung, diesen Schatz an Sprachen zu heben und zu nutzen, so Hochholzer.

Wie dies gelingen kann, darum ging es beim Tag der Mehrsprachigkeit am Mittwoch an der Universität Regensburg. Vertreter von Politik, Wirtschaft, Wissenschaft und Kultur beleuchteten das Thema in Vorträgen, Lesungen und einer Podiumsdiskussion. […]

30 000 Regensburger Bürger hätten einen Migrationshintergrund, sagte Oberbürgermeister Hans Schaidinger. Sprache sei aber nicht nur bei der Integration, sondern auch bei der wirtschaftlichen Entwicklung ein Schlüsselthema. Für den einzelnen Bürger, aber auch für die Stadtgesellschaft als Ganzes sei es wichtig, mit mehreren Sprachen im Alltag umzugehen. Uni-Präsident Prof. Dr. Udo Hebel verwies darauf, dass die Europäische Union das Ziel gesetzt habe, dass möglichst alle Europäer neben ihrer Muttersprache zwei weitere Sprachen auf hohem Niveau beherrschen sollten. Die Realität sei davon jedoch noch weit entfernt. Welche Vorzüge die Mehrsprachigkeit etwa für die kognitiven Fähigkeiten hat, zeigte die Sprachwissenschaftlerin Prof. Dr. Rita Franceschini in ihrem Vortrag. In einer Studie hatten die Wissenschaftler Kinder aus Südtirol untersucht, die mit Deutsch, Italienisch und Ladinisch aufwachsen, und die Ergebnisse des kognitiven Tests mit den Schulnoten verglichen. Das Ergebnis: „Hohe sprachliche Kenntnisse befördern hohe kognitive Fähigkeiten in nichtsprachlichen Bereichen."

An der Freien Universität Bozen, wo Franceschini lehrt, ist Mehrsprachigkeit schon Realität. Die Studierenden werden dort auf Italienisch, Deutsch und Englisch unterrichtet. Ein anderes Beispiel nannte Schaidinger: An der Universität im rumänischen

Fortsetzung auf Seite 33

Cluj gebe es komplette Studiengänge auf Deutsch. Auf einem zunehmend international werdenden Arbeitsmarkt hätten diese mehrsprachigen Absolventen Vorteile. „Da können wir uns eine Scheibe abschneiden." Wie wichtig Mehrsprachigkeit in der Wirtschaft ist, betonte auch Dr. Georg Schwab von der AVL Software and Functions GmbH. „Man muss sich im globalen Wettbewerb aufstellen, sich weltweit vernetzen." Englisch sei in seiner Firma Standard, die meisten Mitarbeiter würden eine oder zwei weitere Sprachen sprechen. „Ich bin überzeugt, dass multinationale Teams eine höhere Dynamik und ein höheres Potenzial an Kreativität haben", sagte Schwab.

Eine andere Sprache zu lernen eröffne auch neue Sichtweisen auf die jeweilige Kultur, betonte Hebel. [...]

Der erstmals durchgeführte Tag der Mehrsprachigkeit soll Prof. Dr. Ralf Junkerjürgen vom Organisationsteam zufolge den Startpunkt für künftige Projekte markieren. So sei ein Zusatzstudium zum Mehrsprachigkeitsberater geplant, das sich vor allem an Lehramtsstudierende richtet. Schon im Herbst könnte es damit losgehen.

Aus: Mittelbayrische Zeitung vom 02.04.2014.
http://www.mittelbayrische.de

M 3 Anzahl der erlernten Fremdsprachen pro Schüler in Deutschland und der EU (27 Mitgliedsstaaten) von 2000–2011

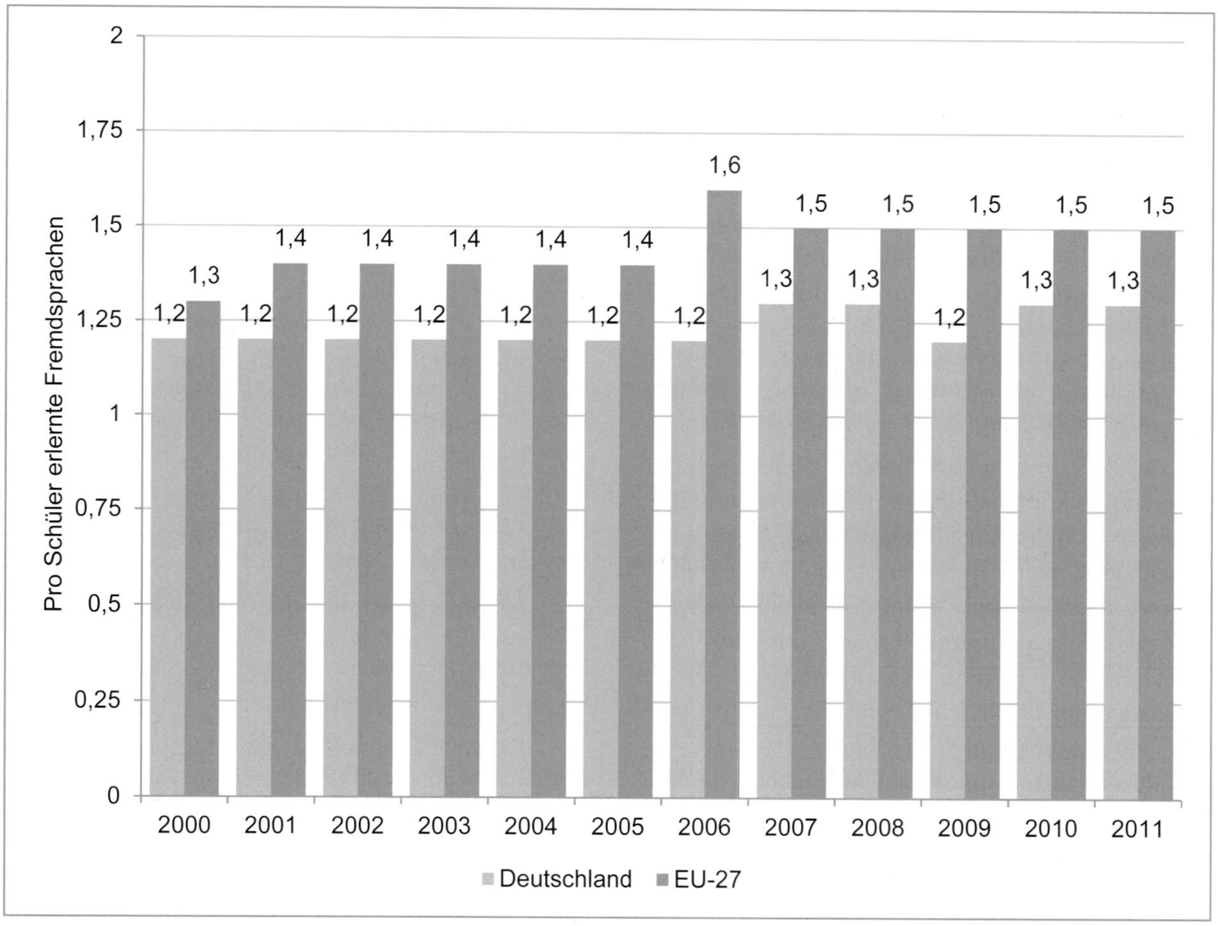

http://de.statista.com/statistik/daten/studie/161312/umfrage/anzahl-der-pro-schueler-erlernten-fremdsprachen-in-deutschland-und-der-eu/

Fortsetzung auf Seite 34

M 4 Danielle Bengsch: Mehrsprachigkeit verschafft geistigen Vorsprung (2011)

Egal, ob ein Mensch zwei oder 30 Sprachen spricht – für das Gehirn wird jede Wortwahl zu einer komplexen Aufgabe. Das kann sogar vor Alzheimer schützen.

Johan Vandewalle sammelt Sprachen. Er weiß nicht genau, wie viele er nun schon gelernt hat. Im Jahr 1987 gewann er einen Wettbewerb, der ihn zum polyglottesten Menschen Flanderns kürte. Schon damals sprach er 31 Sprachen, darunter so exotische wie Aserbaidschanisch, Tadschikisch und Swahili. Außerdem noch neun tote Sprachen. Seine Begeisterung für Vokabeln und Grammatik begann bereits im Kindesalter, als Vandewalle in die Schule kam. Dort lernte der im Jahr 1960 in Brügge geborene Belgier neben seiner Muttersprache Flämisch bald Französisch. Im Gymnasium kamen Deutsch und Englisch, später Griechisch und Latein hinzu. […]

Vandewalle ist ein Extrem. Doch wer auch nur eine oder zwei fremde Sprachen spricht, hat einen Vorteil – und zwar ein Leben lang. In jedem Alter sind Mehrsprachige ihren monolingualen Mitmenschen um einen Schritt voraus. Das bestätigen Erkenntnisse aus dem relativ neuen Feld der „Neurowissenschaft des Multilingualismus“: Demnach profitieren schon Babys und Kleinkinder in ihrer Entwicklung vom Erwerb einer zweiten Sprache. Kinder und Jugendliche erlernen ohne größere Mühe weitere Sprachen, wenn sie schon eine Fremdsprache in petto haben. […]

Ähnlich wie eine Sportart zu einer allgemein verbesserten Fitness und zu einer Stärkung bestimmter Muskelgruppen führt, steigere auch der Spracherwerb die Konzentrationsfähigkeit und bestimmte kognitive Funktionen, sagt Jubin Abutalebi von der Università Vita-Salute San Raffaele in Mailand.

Dabei nutzen Mehrsprachige dieselben Gehirnareale wie einsprachige Menschen. Tatsächlich sind die Sprachregionen bei multilingualen Menschen aber besser ausgebildet. Das trifft insbesondere auf den anterioren zingulären Kortex zu, einen Teil des Brocaschen Sprachzentrums in der Großhirnrinde.

Dieses Areal steuert unter anderem Entscheidungsprozesse. So nutzen mehrsprachige Menschen dieses Areal häufig, weil sie bei jedem Wort auswählen müssen, in welcher Sprache es gesprochen werden soll. Deswegen fällt es ihrem Gehirn auch leichter, sich zu entscheiden, ob es sich auf wichtige Informationen oder unwichtige Ablenkungsmanöver konzentrieren soll. Zwei oder über 30 Sprachen wie bei Vandewalle machen jede Wortwahl zu einer komplexen Aufgabe. Dabei gilt jedoch: „Je besser ich die Sprachen spreche, desto besser ist auch meine kognitive Kontrolle“, sagt Neurologe Abutalebi.

Shutterstock/ivosar

Diese hilft auch im Alter, wenn die grauen Zellen langsam schwächer feuern. Ein Team kanadischer Wissenschaftler um Ellen Bialystok von der York University fand heraus, dass bei Menschen, die mehrere Sprachen sprechen, Alzheimer […] im Durchschnitt erst fünf Jahre später diagnostiziert wird. Zudem zeigten die bi- oder multilingualen Probanden der Studie, die im Fachblatt „Neurology“ veröffentlicht wurde, vier Jahre später Symptome der degenerativen Demenzerkrankung.

Um das Gehirn lebenslang fit zu halten, muss die Fremdsprache nicht in die Krippe gelegt werden. Das Lernen falle im höheren Alter nur schwerer, sagt Abutalebi. Grundvoraussetzung für den Erfolg sei eine ausreichende Motivation. […]

Aus: Die Welt vom 25.09.2011.
http://www.welt.de/wissenschaft/article13621609/Mehrsprachigkeit-verschafft-geistigen-Vorsprung.html

Fortsetzung von Seite 34

Mehrsprachigkeit

Materialgestützt einen informierenden Text verfassen

Aufgaben

Die Aufgabenstellung verstehen, Vorwissen aktivieren

1. Untersuchen Sie die Aufgabenstellung, indem Sie die folgenden Fragen schriftlich beantworten.
   - Zu welchem Anlass sollen Sie Ihren Beitrag verfassen?
   - Wer ist Ihr Adressatenkreis?
   - Benennen Sie den Veröffentlichungsort Ihres Beitrags.
   - Formulieren Sie das Thema Ihres Textes mit eigenen Worten.
   - Was verlangt die Aufgabenstellung von Ihnen? Achten Sie auf den entscheidenden Operator.
2. Welche Vorteile der Mehrsprachigkeit fallen Ihnen spontan ein? Notieren Sie.

Die Materialien analysieren und in Beziehung setzen

1. Lesen Sie die Materialien M 1 – M 4 mit Blick auf die Aufgabenstellung gezielt durch.
   - Markieren Sie Schlüsselbegriffe und wichtige Textstellen.
   - Fassen Sie die Aussagen des Diagramms zusammen, indem Sie sich Notizen am Rand machen.
2. Fassen Sie Informationen der Materialien mit Hilfe der folgenden Leitfragen noch einmal stichpunktartig zusammen.
   - Wie hat sich der Fremdsprachenerwerb in Deutschland und der EU in den Jahren 2000 bis 2011 entwickelt?
   - Welche Ziele verfolgt die EU mit ihrer Sprachpolitik?
   - Wie schätzen Neurolinguisten die Mehrsprachigkeit ein?
3. Veranschaulichen Sie die Informationen in einem Cluster.

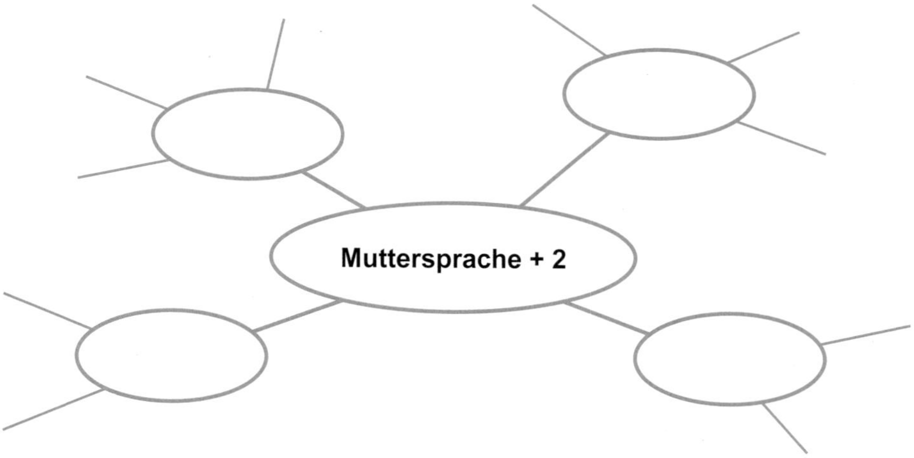

Einen Schreibplan erstellen

1. Planen Sie die Einleitung Ihres Beitrags:
   - Halten Sie schriftlich fest, welche Intention Ihr Text verfolgt und aus welchem Anlass er geschrieben wird.
   - Notieren Sie einen interessanten, möglichst aktuellen Aufhänger, mit dem Sie in Ihren Text einsteigen und Ihre Leser fesseln können.
   - Beantworten Sie die Frage, warum nicht nur, aber gerade auch für Ihre Schule die Würdigung des Tags der Europäischen Sprachen wichtig ist.

Fortsetzung auf Seite 36

Aufgaben

2. Planen Sie den Hauptteil Ihres Textes.
   a) Überlegen Sie, mit welchen Informationen Sie beginnen wollen:
      - Möchten Sie einen Überblick über den Informationsgehalt Ihres Textes geben?
      - Möchten Sie Zahlen und Fakten zur Mehrsprachigkeit in Deutschland / der EU nennen?
      - Möchten Sie die sprachpolitischen Ziele der EU vorstellen?
      - Möchten Sie über die Vorteile informieren, die Mehrsprachigkeit mit sich bringen kann?
   b) Wenn Sie sich für einen bestimmten Einstieg entschieden haben, legen Sie die Reihenfolge der Aspekte fest, die Sie außerdem behandeln wollen.

3. Überlegen Sie sich für den Schluss Ihres Beitrags ein Fazit, das es Ihnen erlaubt, noch einmal den Bogen zu Ihrer Schule zu schlagen.

Den Text schreiben

1. Verfassen Sie Ihren Text auf der Grundlage Ihrer Vorarbeiten. Berücksichtigen Sie dabei den Anlass, den Veröffentlichungsort und die Adressatengruppen Ihres Textes.

2. Machen Sie sich noch einmal bewusst, welcher Sprachstil für einen informierenden Text angemessen ist.

3. Achten Sie auf abwechslungsreiche Überleitungen zwischen den einzelnen Aspekten Ihres Informationstextes, z. B.: *Daran schließt sich die folgende Überlegung an …; Zusätzlich muss man … in Betracht ziehen …; Im Gegensatz dazu …*

Den Text überarbeiten

1. Überprüfen Sie die Sprache Ihres Textes:
   - Haben Sie sachlich formuliert? Haben Sie auf eigene Kommentare und Wertungen verzichtet?
   - Bleibt Ihr Satzbau überschaubar?
   - Erläutern Sie – wo nötig – Fachbegriffe?

2. Kontrollieren Sie die Zitate in Ihrem Text.
   - Verweisen Sie bei übernommenen Formulierungen oder Inhalten auf Ihre Quelle (z. B. M4, Z. 16 ff.)?
   - Haben Sie die Regeln für korrektes Zitieren berücksichtigt (z. B. Angleichung des Tempus oder der Flexion)?
   - Sind Ihre Zitate in Ihre eigenen Formulierungen integriert?

3. Überprüfen Sie Ihre Rechtschreibung und Zeichensetzung:
   - Groß- und Kleinschreibung,
   - das – dass,
   - Kommas bei Nebensätzen.

Studium und Beruf: Mediziner

Materialgestützt einen informierenden Text verfassen

Aufgabenstellung

1. An Ihrer Schule hat ein Tag zur Berufsfindung stattgefunden, an dem Experten über verschiedenen Berufs- und Studienfelder informiert haben. Sie haben sich besonders für den Studiengang „Humanmedizin" interessiert und verschiedene Vorträge gehört, deren Informationsgehalt durch die nachfolgenden Materialien widergespiegelt wird.

   Nun wurden Sie gebeten, für eine Spezialausgabe der Schülerzeitung mit dem Titel „Studium und Berufswahl" einen Bericht zum Studiengang „Medizin" sowie zu den Voraussetzungen und Chancen des Arztberufs zu verfassen.

M 1 **Kathrin Fromm: Bewerben fürs Medizinstudium – Studienführer 2014/2015**

Wer Medizin studieren möchte, braucht meist ein Einser-Abitur. Mit ein paar Tricks steigt die Wahrscheinlichkeit, einen Platz zu ergattern.

imagebroker.net

Jeder, der Humanmedizin, Zahnmedizin, Tiermedizin oder Pharmazie studieren will, muss sich im Internet zentral über die Plattform hochschulstart.de bewerben, die von der Stiftung für Hochschulzulassung betrieben wird – der früheren Zentralstelle für die Vergabe von Studienplätzen, bekannt als ZVS.

Der Andrang in diesen Fächern ist groß. Für die gut 9000 Studienplätze in Humanmedizin haben sich zum vergangenen Wintersemester mehr als 44 000 Abiturienten beworben. Damit kamen fast fünf Bewerber auf einen Platz. Bei Zahn- und Tiermedizin war es ähnlich. In Pharmazie hingegen gab es nur zwei Bewerber pro Platz – hier sind die Chancen also deutlich besser.

Die Studienplätze werden für jedes Fach nach Quoten verteilt. Dabei wird die sogenannte 20-20-60-Regel angewandt: 20 Prozent der Plätze gehen an die besten Abiturienten, 20 Prozent werden nach Wartezeit vergeben [...] und 60 Prozent werden von den Unis nach ihren eigenen Kriterien vergeben, im sogenannten Auswahlverfahren der Hochschulen.

Es gibt Universitäten, die auch bei ihrem eigenen Auswahlverfahren nur nach dem Notenschnitt im Abi-Zeugnis auswählen, etwa die Unis in Bonn, Düsseldorf und Köln. In Düsseldorf zum Beispiel bekamen im vergangenen Wintersemester nur Medizinbewerber mit einem Abi-Schnitt bis 1,3 einen Platz.

Bei anderen Hochschulen zählen neben dem Abi-Schnitt noch weitere Kriterien. Sie berücksichtigen zum Beispiel ein gutes Abschneiden im Medizinertest, führen Auswahlgespräche oder vergeben Bonuspunkte, zum Beispiel für eine abgeschlossene Berufsausbildung. Das heißt, auch mit etwas schlechteren Noten kann man eine Chance haben.

An der Universität Freiburg beispielsweise wurde im vergangenen Wintersemester ein Bewerber mit einem Abi von 1,9 zugelassen: Er konnte seinen Schnitt auf die Note 1,1 verbessern, und zwar durch eine Ausbildung als Rettungsassistent (minus 0,4), durch ein gutes Abschneiden beim Medizinertest (minus 0,3) und einen Freiwilligendienst (minus 0,1). Um seine Chancen nutzen zu können, ist es also wichtig, das Auswahlverfahren der jeweiligen Uni genau zu kennen.

Wer trotz Bonuspunkten keinen Platz ergattert, der kann auf Wartesemester setzen. Dann allerdings muss er sich lange gedulden: In allen drei Medizinfächern kamen im vergangenen Wintersemester nur Bewerber zum Zug, die bereits zwölf Semester Wartezeit vorweisen konnten. Bei Pharmazie waren es mit zwei Wartesemestern deutlich weniger.

Eine Alternative kann ein Medizinstudium im Ausland sein. Deutschsprachige Studiengänge gibt es in Österreich und Ungarn, englischsprachige auch in anderen osteuropäischen Ländern. [...]

Fortsetzung auf Seite 38

So steigen die Chancen

1. Klug auswählen, wo man sich bewirbt

Bis zu sechs Wunschuniversitäten können Bewerber auf der zentralen Bewerbungsplattform hochschulstart.de angeben. Achtung: Mehr als die Hälfte der Unis berücksichtigen nur diejenigen Bewerbungen, bei denen sie auf den vorderen Rängen der Wunschliste stehen (meist auf den Plätzen 1 bis 3). Bei etlichen Hochschulen ist sogar jeder aus dem Rennen, der diese nicht an erster Stelle genannt hat. Bei Tiermedizin etwa wollen von den fünf Unis, die das Fach anbieten, drei auf dem ersten Rang stehen.

2. Beim Medizinertest antreten

Für Zahnmedizin berücksichtigen elf Unis die Ergebnisse des sogenannten Medizinertests, bei Medizin sind es sogar 17 (alle Unis in Baden-Württemberg sowie die in Bochum, Erlangen, Nürnberg, Göttingen, Halle, Leipzig, Lübeck, Mainz, Marburg, München, Oldenburg, Regensburg und Würzburg). Der Test findet Anfang Mai in mehr als 40 Orten in ganz Deutschland statt. Mit einem guten Ergebnis lässt sich der Abi-Schnitt aufbessern. […]

Aus: Die Zeit: Studienführer 2014/2015, S. 58 f.

M 2 **Mit der *stern*-Jobampel ins richtige Studium – Welche Studiengänge lohnen sich? (2014)**

Gibt es noch das Studium mit Job-Garantie? Die *stern*-Jobampel zeigt, welche Studiengänge in Berufe führen, die in sechs Jahren noch gefragt sind. Die 26 beliebtesten Fächer im Test.

Chancen
Medizinermangel bleibt akut.

Absolventen
Bis 2019 liegt die Zahl der Hochschulabsolventen bei maximal 11 000–12 000. Das ist auf Dauer viel zu wenig.

Erwerbstätige
Mindestens 10 000 Mediziner gehen pro Jahr in Rente; demografische Veränderungen erhöhen zusätzlich den Bedarf: mehr Ältere – mehr medizinische Versorgung, steigender Bedarf in den Kliniken durch Arbeitszeitverkürzung.

Arbeitslose
Der Markt bleibt leergefegt: Es herrscht Vollbeschäftigung. Vor allem junge Ärzte finden schnell einen Job. Im Ausland bleiben deutsche Ärzte gefragt.

http://www.stern.de/wirtschaft/job/ (entnommen: 18.07.2014)

M 3 Durchschnittliches monatliches Bruttogehalt der Allgemeinmediziner im ersten Halbjahr 2011

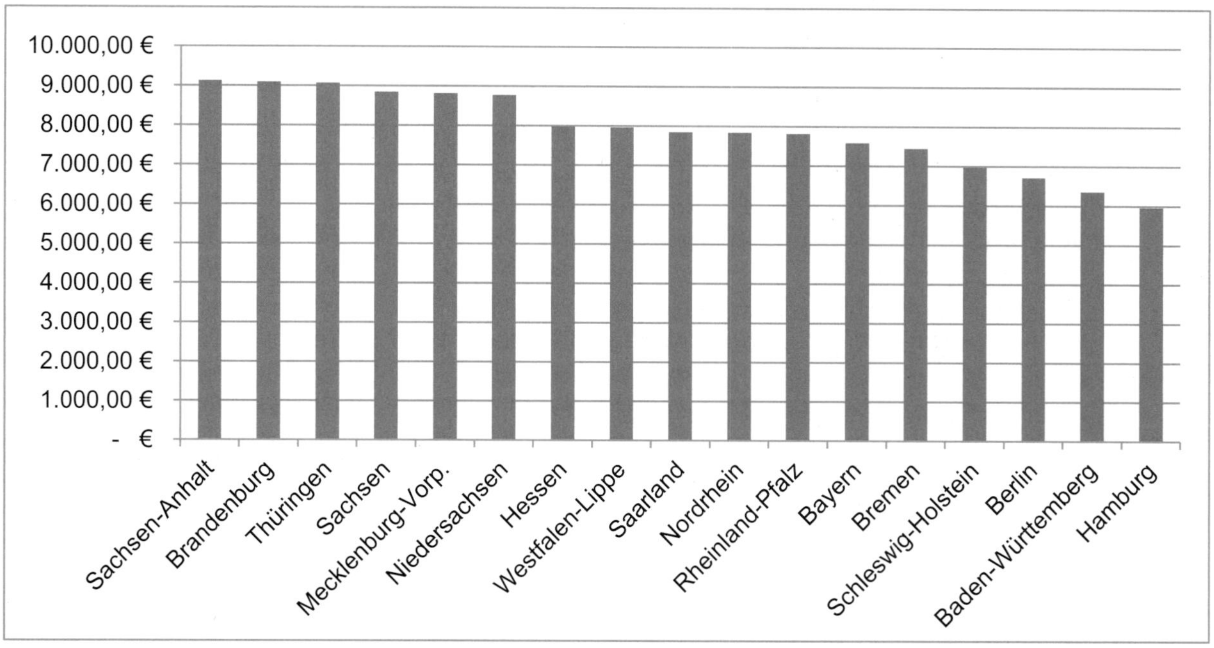

http://www.kbv.de/media/sp/2012_06_29_Honorarbericht1und2_2011.pdf (entnommen: 09.02.2015)

M 4 Lernen für die Medizin von morgen – Voraussetzungen (2014)

Gute Deutschkenntnisse sind essenziell. Nur so kannst du den deutschsprachigen Vorlesungen folgen oder dich im praktischen Teil mit den Patienten unterhalten. Die Lektüre der Fachliteratur, die oft englischsprachig ist, verlangt zudem gute Englischkenntnisse. Lateinkenntnisse werden allerdings nicht zwingend vorausgesetzt. Das Medizinstudium ist sehr zeit- und prüfungsintensiv – das stellt auch vergleichsweise hohe Ansprüche an deine persönliche Belastbarkeit.

Wenn du dich für ein Medizinstudium interessierst, solltest du sehr gute naturwissenschaftliche Schulkenntnisse in Biologie, Chemie und Physik haben. Wichtig ist neben einem medizinisch-naturwissenschaftlichen Grundverständnis, räumlichem Vorstellungsvermögen und einer gute Beobachtungsgabe auch Kommunikationsstärke.

https://www.study-in.de/de/--21236 (DAAD-Seite; entnommen: 18.07.2014)

M 5 Berufsbild Arzt/Ärztin – Eigenschaften und Voraussetzungen (2014)

Mediziner müssen ihr Leben lang lernen und sich auf ständig neue Verfahren zur Diagnose oder Behandlung einstellen. Dies setzt eine hohe Lernbereitschaft voraus, die bereits im Studium der Humanmediziner eine große Rolle spielt.

Für Humanmediziner ist die Verantwortung in ihrem Job eine hohe Last. Sicherlich gibt es Versicherungen für Behandlungsfehler oder falsche Diagnosen der Ärzte, aber letztlich geht es um Menschenleben und jeder Humanmediziner muss den hippokratischen Eid leisten, auch wenn dieser keine Rechtswirkung besitzt. Dieser Eid der Mediziner stellt sie in ethische Verantwortung gegenüber dem Patienten und dessen Wohlergehen.

Darüber hinaus muss jeder Mediziner über ein gutes Allgemeinwissen und Fachwissen verfügen. Der Umgang mit dem Patienten gehört zur täglichen Arbeit, weshalb auch Kommunikationsfähigkeit wesentlich ist. Auf die Probleme und Sorgen von Patienten einzugehen ist mit zunehmender Routine für Mediziner schwierig, vor allem bei hohen Patientenzahlen.

http://www.ulmato.de/arzt.asp

Fortsetzung von Seite 39

Aufgaben

Die Aufgabenstellung verstehen, Vorwissen aktivieren

1. Untersuchen Sie die Aufgabenstellung, indem Sie die folgenden Fragen schriftlich beantworten.
   - Wer ist Ihr Adressatenkreis?
   - Benennen Sie den Veröffentlichungsort Ihres Beitrags.
   - Formulieren Sie das Thema Ihres Textes mit eigenen Worten.
   - Welche Art von Text sollen Sie schreiben?

2. Welche Vorstellungen von Medizinstudium und Arztberuf haben Sie?
   Erstellen Sie zwei Cluster.

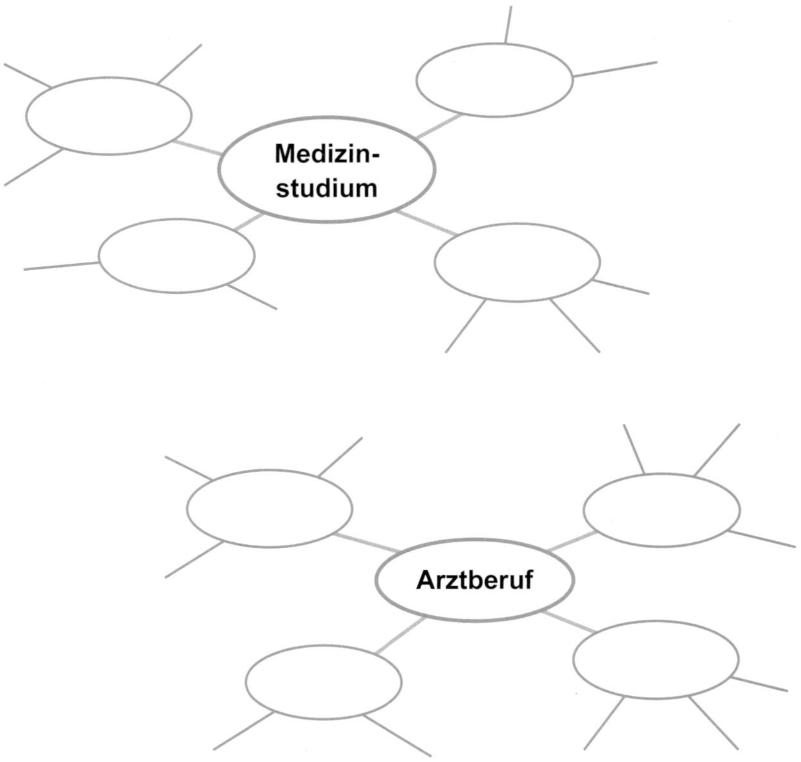

Die Materialien analysieren und in Beziehung setzen

1. Arbeiten Sie die Materialien im Hinblick auf die Aufgabenstellung gezielt durch.
   - Markieren Sie wichtige Textstellen. Sie können unterschiedliche Aspekte Ihres Themas mit unterschiedlichen Farben markieren.
   - Erschließen Sie den Informationsgehalt des Diagramms.

2. Bringen Sie die Materialien in eine logische Abfolge. Beginnen Sie z. B. mit grundsätzlichen Überlegungen, die sich auf die Eignung für den Medizinerberuf beziehen.

3. Übertragen Sie Ihre Abfolge aus Aufgabe 2 in ein Flussdiagramm.

Fortsetzung auf Seite 41

Fortsetzung von Seite 40

Aufgaben

Einen Schreibplan erstellen

1. Rufen Sie sich noch einmal die Anforderungen an einen „Bericht“ in Erinnerung.
   Tipp: Die Aufgabenstellungen auf dieser Seite können Ihnen dabei helfen.

2. Planen Sie die Einleitung Ihres Berichtes.
   - Beantworten Sie die W-Fragen: Was? Wer? Wo? Wann? Warum?
   - Versuchen Sie Interesse für Ihr Thema zu wecken.

3. Überlegen Sie, wie Sie die Informationen im Hauptteil ordnen können:
   - Möchten Sie sich an Ihrem Flussdiagramm (vgl. „Die Materialien analysieren und in Beziehung setzen“) orientieren?
   - Möchten Sie zunächst das Ziel – den Arztberuf – vorstellen, um dann die Voraussetzungen dafür aufzuzeigen?

4. Machen Sie sich zu den einzelnen Abschnitten bzw. zu den inhaltlichen Aspekten Ihres Hauptteils Notizen.

5. Planen Sie einen Schluss, der Ihrem Thema und Ihren Adressaten gerecht wird. Formulieren Sie zum Beispiel ein Fazit in Form einer differenzierten Empfehlung.

Den Text schreiben

1. Verfassen Sie Ihren Text auf der Grundlage Ihrer Vorarbeiten. Machen Sie sich dazu noch einmal bewusst, welcher Sprachstil und welche Zeitform für einen Bericht üblich sind.

   Tipp zur Zeiteinteilung:
   Notieren Sie, wann Sie mit der Niederschrift begonnen und wann Sie sie abgeschlossen haben. Da die Vorbereitungs- und Planungsarbeiten bei diesem Aufgabenformat hoch sind, sollte die Niederschrift nicht unverhältnismäßig lange dauern. Sollten Sie Probleme damit haben, sich bei der Niederschrift an Ihren Zeitplan zu halten, klären Sie, wo die Schwierigkeiten liegen: Haben Sie sich an Ihren Schreibplan gehalten? Fällt es Ihnen schwer, Überleitungen zu formulieren und Ihre Gedanken auch sprachlich zu verknüpfen?

Den Text überarbeiten

1. Überprüfen Sie die Sprache Ihres Textes:
   - Haben Sie sachlich formuliert? Haben Sie auf eigene Kommentare und Wertungen verzichtet?
   - Bleibt Ihr Satzbau überschaubar?
   - Haben Sie Ihren Bericht im Präteritum verfasst?
   - Haben Sie Aspekte und Gedanken sprachlich sinnvoll und abwechslungsreich verknüpft?
   - Sind Grammatik, Rechtschreibung und Zeichensetzung korrekt?

2. Kontrollieren Sie den Aufbau Ihres Textes.
   - Hat Ihr Text eine nachvollziehbare gedankliche Struktur?
   - Hat Ihr Text eine informative Überschrift?
   - Gliedert sich Ihr Text in Einleitung, Hauptteil und Schluss?

Expressionismus

Materialgestützt einen informierenden Text verfassen

Aufgabenstellung

1. Der Literaturkurs Ihrer Schule bereitet einen Vortragsabend mit expressionistischen Gedichten vor. Zusammen mit einigen Kursmitgliedern sollen Sie das Programmheft gestalten. Verfassen Sie auf der Grundlage der Materialien einen Informationstext, in dem Sie besonders auf die Lyrik des Expressionismus und die gesellschaftlichen Entwicklungen nach der Jahrhundertwende eingehen. Nutzen Sie auch Ihr Wissen aus dem Unterricht.

M 1 Expressionismus

Der Begriff „Expressionismus“ stammt von dem lateinischen Wort *expressio* (= Ausdruck) und bedeutet Ausdruckskunst. Gemeint ist eine explosive Ausdruckskunst, die Gefühle so drastisch und radikal wie möglich in Szene setzt. Die Epoche des Expressionismus erstreckt sich von ungefähr 1910 bis etwa 1925. Wie bei allen Epochen handelt es sich bei diesen Daten nur um Orientierungspunkte, eine Vorläuferin (siehe unten) ist Else Lasker-Schüler.

Geprägt wird die Zeit um die Jahrhundertwende von einem rasenden technischen Fortschritt, dessen gesellschaftlichen Auswirkungen die Menschen mit Weltuntergangsängsten begegnen. Der Erste Weltkrieg (1914–1918) mit seinen „Materialschlachten“ (Maschinengewehre, Flugzeuge, Gas) bringt dann eine Katastrophe von unbekanntem Ausmaß, viele Millionen Menschen verlieren ihr Leben.

Am Anfang des literarischen Expressionismus ist die Lyrik die dominierende Gattung. Als wegweisende Gedichte gelten Else Lasker-Schülers „Weltende“ von 1905 und Jakob van Hoddis „Weltende“ aus dem Jahr 1911. Letzteres nimmt die Angst vor dem Halley'schen Kometen (1910) zum Anlass dafür, das Ende der bürgerlichen Ordnung auszurufen: „Dem Bürger fliegt vom spitzen Kopf der Hut“ (Jakob van Hoddis, „Weltende“).

Wie in anderen Gattungen auch ist der Bruch mit den ästhetischen Darstellungsweisen des Naturalismus und des Symbolismus Programm: Er wird unter anderem im Zerbrechen grammatischer Strukturen, in der Schöpfung von Neologismen, dem Einsatz einer grellen Farbsymbolik und einer starken, einprägsamen Bildlichkeit vollzogen.

In Opposition zur bürgerlichen Ästhetik entwickelt der Expressionismus auch eine Ästhetik des Hässlichen. Geistiger und körperlicher Verfall, Tod und Verwesung werden nicht nur thematisiert, sondern künstlerisch stilisiert und mit einer provokanten Aura des Schönen umgeben. Häufige Motive sind die Irrenanstalt und – in Anlehnung an Shakespeares Dramenfigur Ophelia – die „schöne“ Wasserleiche. Die Dichter Gottfried Benn und Georg Heym haben sich dieses Motivs bedient: „Im Haar ein Nest von jungen Wasserratten“ (Georg Heym, „Ophelia I“).

bpk

Als ein weiterer Vorbote des nahenden Weltuntergangs galt der Untergang der Titanic (1912).

Fortsetzung auf Seite 43

Fortsetzung von Seite 42

M 2 Kurt Pinthus: Zur jüngsten Dichtung (1916)

Die Wirklichkeit vom Umriss ihrer Erscheinung zu befreien, uns selbst von ihr zu befreien, sie zu überwinden [...] durch des Geists Bohrkraft, Beweglichkeit, Klärungssehnsucht, durch des Gefühls Intensität und Explosivkraft sie besiegen und beherrschen, [...] das ist der gemeinsamste Wille der jüngsten Dichtung [...].
Unter Wirklichkeit soll nicht etwa nur die Erscheinungswelt der Natur und der uns umgebenden, von uns selbst geschaffenen körperlichen Kulissen der Städte und der Erzeugnisse formender Technik verstanden werden, sondern vor allem das Gewirr unserer sozialen, kulturellen, politischen, wirtschaftlichen Beziehungen und Einrichtungen. [...] Die jüngste Dichtung, die (wiederholend sei's ausgesprochen) nicht Erscheinung und Ornament, sondern Wesen, Herz und Nerv erstrebt, die gegen eine von außen oktroyierte Wirklichkeit ein intensiveres, edleres, es sei gewagt zu sagen, besseres Sein erkämpft, ist schließlich – eine politische Dichtung – politische Dichtung höherer Art, denn sie müht sich nicht um Sturz und Sieg politischer Parteien und Personen, sondern um eine Politik der Menschheit und der Menschlichkeit, aus der allein nach dem gegenwärtigen Chaos wie in der Kunst so auch in der Staatengestaltung die notwendige Formung erfolgen kann.

Aus: Vom jüngsten Tag. Ein Almanach neuer Dichtung. Kurt Wolff Verlag, Leipzig 1916. © Deutsche Schillergesellschaft, Marbach am Neckar.

M 3 Einwohnerzahlen der sieben größten Städte Deutschlands 1905 und 1925

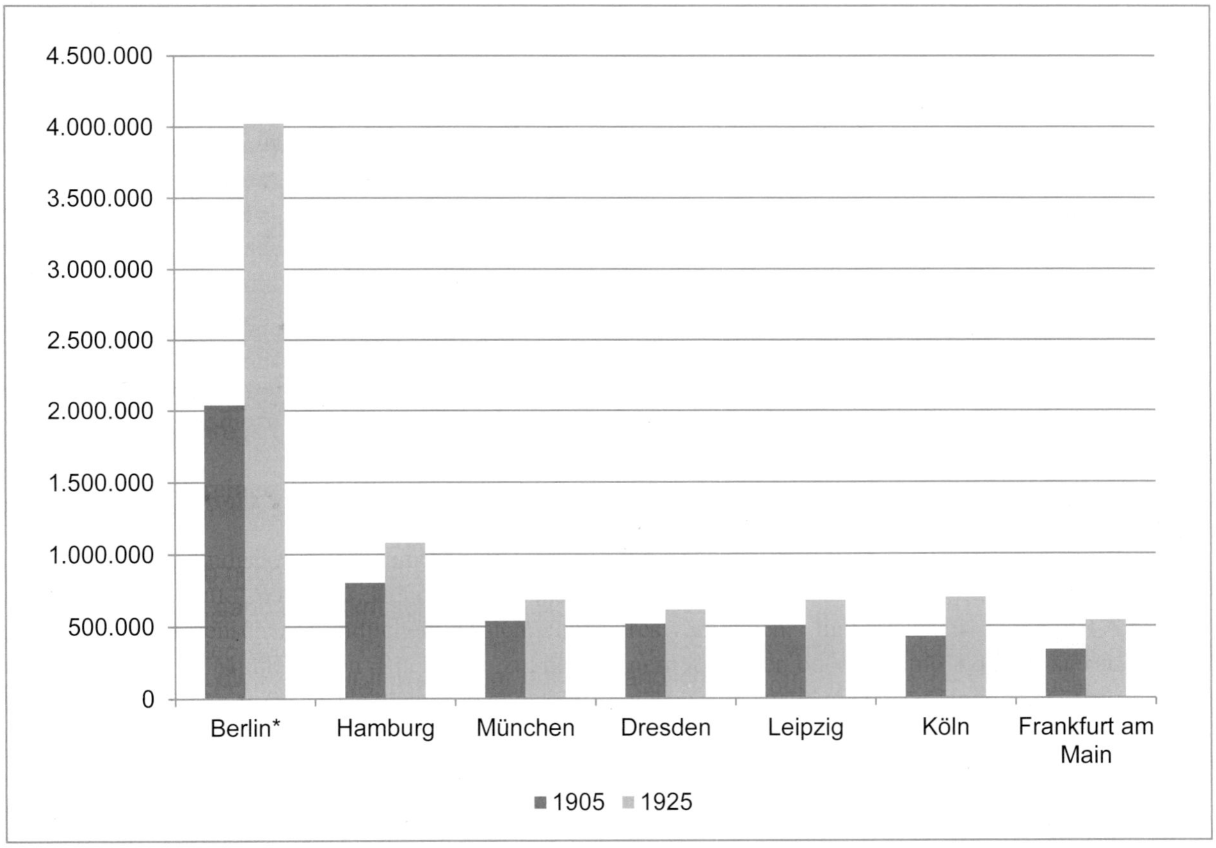

* Die sprunghafte Vergrößerung Berlins geht vor allem auf eine Vergrößerung der Stadtgemeinde zurück.

Fortsetzung auf Seite 44

Fortsetzung von Seite 43

M 4 Industrialisierung und moderne Gesellschaft (2012)

In der Zeit des Kaiserreichs (1871–1918) erlebte Deutschland den Durchbruch zur modernen Industriegesellschaft. Industrie und Gewerbe, Handel und Verkehr drängten die Landwirtschaft immer stärker in den Hintergrund und wurden zur wesentlichen Triebkraft von wirtschaftlichem Wachstum und gesellschaftlichem Wandel. Der industrielle Kapitalismus brachte zugleich eine Klassengesellschaft hervor, die von marktabhängigen Erwerbsklassen mit ausgeprägten Gegensätzen insbesondere zwischen besitzendem Bürgertum auf der einen und lohnabhängigem Proletariat auf der anderen Seite geprägt war. Im Zuge der Hochindustrialisierung bildeten Wirtschaft, Kapital und Arbeit hochgradig organisierte Organisationsstrukturen aus, die das individuelle Gesellschaftsideal des klassischen Liberalismus zunehmend veraltet erscheinen ließen. Zugleich verschob sich der Schwerpunkt des wirtschaftlichen und gesellschaftlichen Lebens immer mehr vom Lande in die expandierenden Städte, begleitet von einer dynamischen Modernisierung der Infrastrukturen und der alltäglichen Lebensverhältnisse.

Die Industrialisierung

Nachdem sich in der Zeit zwischen 1850 und 1870 die Startphase der industriellen Revolution vollzogen hatte, trat das Kaiserreich in die Phase der Hochindustrialisierung ein. Die Zentren der industriellen Produktion in Mittel- und Südwestdeutschland, um Berlin und vor allem im Ruhrgebiet wurden immer größer und ökonomisch dominanter. Hier fanden nicht nur die Überschüsse einer rasch wachsenden Bevölkerung Beschäftigung, die zwischen 1871 und 1910 von 41 auf 65 Millionen anstieg. Die Industrialisierung rief vielmehr auch eine enorme Mobilität hervor, denn viele Menschen zogen auf der Suche nach Arbeit – wenn sie nicht gleich nach Übersee auswanderten – vom Lande in die expandierenden industriellen Zentren. Ihre Beschäftigtenzahl zog Mitte der 1890er Jahre mit der Landwirtschaft gleich und begann sie im frühen 20. Jahrhundert zu überflügeln. […] Auch wenn die Zeitgenossen noch engagiert darüber diskutierten, ob Deutschland von einem Agrar- zu einem Industrieland werden sollte: Ökonomisch war die Entscheidung Ende des 19. Jahrhunderts längst gefallen. Auf Textil-, Eisen- und Stahlproduktion als Leitsektoren der industriellen Entwicklung folgten nun die Chemie- und Elektroindustrie, mit der Deutschland endgültig vom Nachzügler zum Vorreiter der Industrialisierung in Europa wurde. Die Landwirtschaft dagegen, die mit dem forcierten Einsatz moderner Maschinen und Düngemittel selbst einen Prozess der Industrialisierung durchlief, litt unter einer strukturellen Agrarkrise. […]

Um die Jahrhundertwende bildeten sich vor allem in den Städten generell neuartige, immer stärker von der Technisierung aller Lebensbereiche geprägte Verhältnisse aus. Sie brachten einerseits vielfältige Umweltprobleme wie die Verschmutzung von Wasser, Luft und Boden mit sich, aber auch vielfältige zukunftsweisende Neuerungen. Kommunale Wasser-, Gas- und Elektrizitätswerke sorgten nicht nur im öffentlichen Leben, sondern bald auch im privaten Bereich für künstliches Licht und fließendes Wasser, elektrische Straßenbahnen beschleunigten den öffentlichen Nahverkehr. In den Großstädten kamen Untergrundbahnen hinzu, und auch die ersten Automobile begannen die Straßen zu beleben. Die technisierte Großstadtkultur wurde zur Grundlage für vielfältige fortschrittsoptimistische Visionen, aber auch für Verlusterfahrungen natürlicher Lebenszusammenhänge und für neuartige Krankheitsbilder. Das Nervenkostüm vieler Menschen schien der wachsenden Geschwindigkeit, dem Lärm und der Hektik der industrialisierten Gesellschaft oft nicht mehr gewachsen zu sein, die Nervenkrankheit Neurasthenie griff um sich und wurde zum Kennzeichen eines „Zeitalters der Nervosität“ (Joachim Radkau).

Nach: Onlinetext der Bundeszentrale für politische Bildung von Wolfgang Kruse, 27.09.2012; http://www.bpb.de/geschichte/deutsche-geschichte/kaiserreich/139649/industrialisierung-und-moderne-gesellschaft

Fortsetzung auf Seite 45

Fortsetzung von Seite 44

Aufgaben

Die Aufgabenstellung verstehen, Vorwissen aktivieren

1. Untersuchen Sie die Aufgabenstellung:
   - Welche Art von Text sollen Sie schreiben?
   - Wie lautet Ihr Thema? Formulieren Sie es noch einmal mit eigenen Worten.
   - Welche Aspekte sollen Sie besonders berücksichtigen?
   - Aus welchen Personengruppen setzt sich Ihr Adressatenkreis voraussichtlich zusammen?

2. Aktivieren Sie Ihr Vorwissen:
   - Notieren Sie weitere Autoren und Texte des Expressionismus.
   - Viele Motive des literarischen Expressionismus finden sich auch in Gemälden der Zeit. Notieren Sie alles, was Ihnen spontan dazu einfällt.

Die Materialien analysieren und in Beziehung setzen

1. Arbeiten Sie die Materialien im Hinblick auf die Aufgabenstellung gezielt durch.
   - Ordnen Sie – wo möglich – die Materialien den Aspekten zu, über die Sie besonders informieren sollen.
   - Markieren Sie wichtige Textstellen und Schlüsselbegriffe.
   - Fassen Sie den Informationsgehalt der Grafik in einem Satz zusammen.

2. Ergänzen Sie die beiden Schaubilder in Ihrem Heft mit passenden Informationen aus den Materialien.

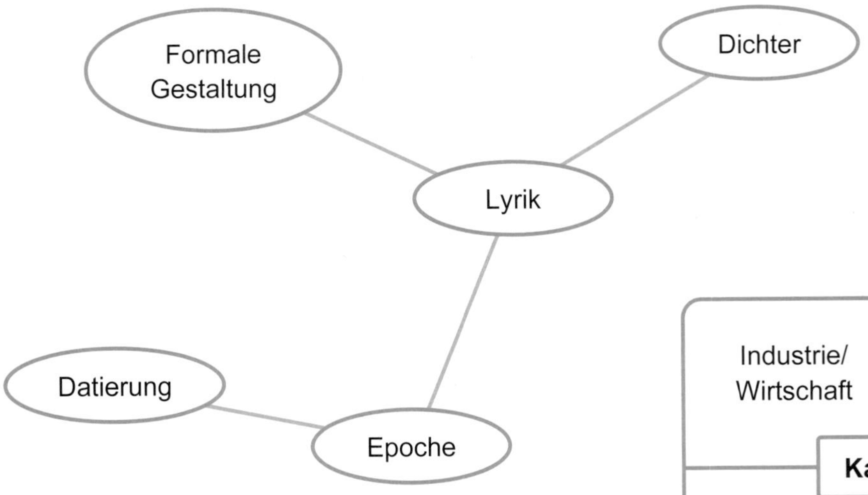

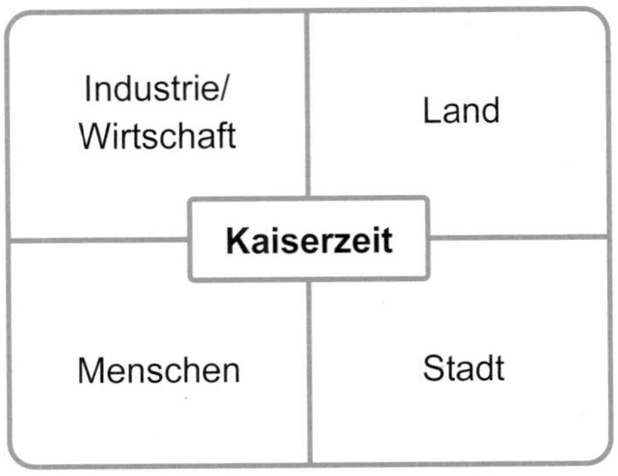

3. Halten Sie stichpunktartig fest, in welcher Weise die Kunst auf die Entwicklungen der Kaiserzeit reagiert.

Fortsetzung auf Seite 46

Fortsetzung von Seite 45

Aufgaben

Einen Schreibplan erstellen

1. Planen Sie die Einleitung Ihres Textes.
   - Gehen Sie kurz auf den Anlass und das Thema Ihres Textes ein.
   - Wecken Sie Interesse für Ihr Thema. Beginnen Sie z. B. mit einer persönlichen Erfahrung oder mit einem passenden Zitat.

2. Überlegen Sie, wie Sie die Informationen in Ihrem Hauptteil ordnen wollen:
   - Wollen Sie mit einer Begriffsbestimmung beginnen?
   - Möchten Sie von den gesellschaftspolitischen Verhältnisse ausgehen und dann deren Einflüsse auf die Lyrik darstellen?
   - Möchten Sie zunächst die Lyrik des Expressionismus vorstellen, um anschließend den gesellschaftspolitischen Kontext aufzuzeigen?

3. Machen Sie sich zu den einzelnen Abschnitten bzw. zu den inhaltlichen Aspekten Ihres Themas Notizen.

4. Notieren Sie sich Ideen für den Schluss Ihres Textes:
   - Wollen Sie ein Fazit ziehen?
   - Wollen Sie noch einmal auf den Anlass Ihres Textes zu sprechen kommen?

Den Text schreiben

1. Verfassen Sie Ihren Text auf der Grundlage Ihrer Vorarbeiten.
   Tipp: Als Verfasser eines informativen Textes stellen Sie Sachverhalte dar und nehmen keine subjektiven Wertungen vor. Sie schreiben also in einer möglichst präzisen, sachlichen und klaren Sprache.

Den Text überarbeiten

1. Überprüfen Sie die Sprache Ihres Textes.
   - Haben Sie sachlich formuliert?
   - Haben Sie auf eigene Kommentare und Wertungen verzichtet?
   - Bleibt Ihr Satzbau überschaubar?
   - Haben Sie gedankliche Bezüge auch sprachlich hergestellt?
   - Sind Grammatik, Rechtschreibung und Zeichensetzung korrekt?

2. Kontrollieren Sie den Inhalt Ihres Textes?
   - Sind Sie auf die in der Aufgabenstellung genannten Aspekte eingegangen?
   - Haben Sie Ihr zusätzliches Wissen aus dem Unterricht einbezogen?

3. Kontrollieren Sie den Aufbau Ihres Textes.
   - Hat Ihr Text eine nachvollziehbare gedankliche Struktur?
   - Hat Ihr Text eine informative Überschrift?
   - Gliedert sich Ihr Text in Einleitung, Hauptteil und Schluss?

Multitasking und Lernverhalten

Materialgestützt einen informierenden Text verfassen

Aufgabenstellung

1. In Ihrer Schülerzeitung gibt es die Rubrik „Lerntipps von Abiturienten für Mittelstufenschüler". Verfassen Sie für diese Rubrik einen Leitfaden zum Thema „Multitasking und Lernverhalten". Nutzen Sie dazu die folgenden Materialien und beziehen Sie eigene Erfahrungen mit ein. Formulieren Sie für Ihren Text auch eine geeignete Überschrift.

M 1 Aussagen Jugendlicher zum Lernverhalten (2014)

Nils: Für mich ist es wichtig, das Lernen in meinen Alltag einzubauen. Dann wird es nämlich zur Gewohnheit, kostet keine große Überwindung und ist genauso selbstverständlich wie das Essen. Ich lerne dann fast automatisch, lese beim Frühstück oder gehe im Fitnessstudio nochmal ein paar Englischvokabeln im Kopf durch. Mir fällt es viel leichter, das Lernen als Begleitprogramm zu erledigen, nur Lernen wäre mir einfach zu langweilig.

Lonny: Ich lerne am besten mit Musik. Aber natürlich kann ich beim Lernen nicht alles hören. Bands, die mir eigentlich gut gefallen, aber zu hektisch oder zu laut sind, gehen gar nicht. Ich werde davon nur nervös und muss alles dreimal lesen, bevor ich es verstehe. Richtig gut funktioniert das Lernen aber bei leiseren Stücken, ganz besonders auch bei klassischer Musik.

M 2 Medienbeschäftigung von Jugendlichen in der Freizeit (2014)

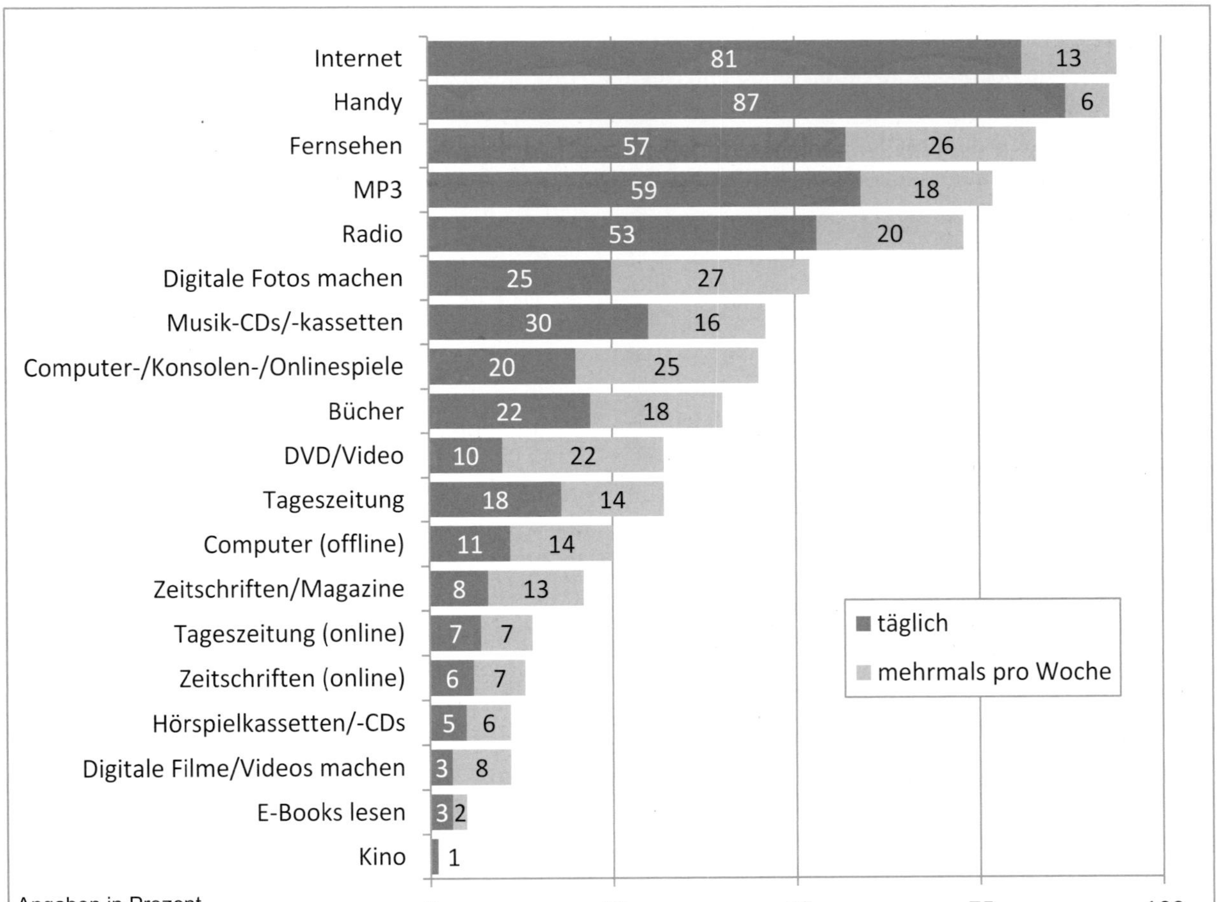

Angaben in Prozent,
Anzahl der Befragten: 1200

Nach: http://de.statista.com/statistik/daten/studie/29153/umfrage/mediennutzung-durch-jugendliche-in-der-freizeit/

Fortsetzung auf Seite 48

M 3 Tina Groll: Alles gleichzeitig funktioniert nicht (2012)

Multitasking ist ein Mythos: Niemand kann mehrere komplexe Tätigkeiten gleichzeitig ausführen, das macht das menschliche Hirn nicht mit.

Multitasking soll die Effizienz und Produktivität steigern, tatsächlich führt die gleichzeitige Arbeit an mehreren Aufgaben jedoch zu einem erheblichen Konzentrations- und Leistungsverlust. Ein Beispiel: Telefonieren und Auto fahren. Soll man ohnehin nicht tun, jedenfalls nicht ohne Freisprechanlage. Was jedem einleuchtet, haben US-Forscher der Universität Utah in einem Test überprüft. Die Versuchspersonen saßen am Steuer eines Fahrsimulators und sollten während des Fahrens telefonieren, in einem weiteren Versuch sollten sie auch noch eine SMS verfassen. Das Ergebnis: Ihre Leistungsfähigkeit sank um mindestens 40 Prozent. Gleichzeitig erhöhten sich die Stress-Werte der Probanden erheblich. Die Fehlerquote war ähnlich hoch wie sonst nur bei betrunkenen Fahrern mit einem Promillewert von 0,8.

Eine weitere Studie testete die Multitasking-Fähigkeit von Harvard-Studenten. Auch hier waren die Ergebnisse schlecht: Obwohl ausschließlich begabte und sogar einige hochbegabte Studierende unter den Probanden waren, fiel ihre Gedächtnisleistung teilweise auf die von achtjährigen Kindern ab. Manche Forscher nehmen sogar an, dass Multitasking den IQ senkt. Macht es also dumm?

Es macht zumindest nicht effizienter, produktiver oder leistungsfähiger. Neurowissenschaftler und Arbeitspsychologen haben das Phänomen über Jahre untersucht. Ihr Fazit: Neurobiologisch gibt es gar kein Multitasking. Das Gehirn kann sich nur auf eine, maximal zwei komplexe Tätigkeiten gleichzeitig konzentrieren, wie die französischen Wissenschaftler Sylvain Charron und Etienne Koechlin herausgefunden haben.

Musik hören und dabei den Gedanken freien Lauf lassen – das mag noch funktionieren. Wer aber ein Telefonat führt und gleichzeitig mitschreibt, tut nicht wirklich beides zur selben Zeit. Vielmehr wechselt das Hirn rasant zwischen beiden Tätigkeiten hin und her. Das Ergebnis: Man bekommt nur die Hälfte mit.

Dass Multitasking zu einem Leistungsabfall führt, untermauert eine weitere Studie. Forscher der Universität Stanford ließen zwei Gruppen gegeneinander antreten: Die einen waren es ohnehin gewohnt, viele Tätigkeiten gleichzeitig in ihrem Job auszuführen. Die anderen hatten weniger Erfahrungen im Multitasking. Beide Gruppen bekamen verschiedene Aufgaben, die sie gleichzeitig ausführen mussten. Und diejenigen, die im Multitasking weniger geübt waren, schnitten besser ab: Diesen Probanden fiel es nämlich leichter, relevante von nicht relevanten Informationen zu unterscheiden.

Wie kann das sein, wo doch bekannt ist, dass wir nur einen Bruchteil unseres Gehirns nutzen? Neurowissenschaftler verweisen auf die Funktion des Arbeitsgedächtnisses. Wenn wir uns auf eine Sache konzentrieren, werden andere Sinneswahrnehmungen ausgeblendet. So ist es problemlos möglich, zu bügeln und dabei zu telefonieren. Die eine Tätigkeit wird quasi ausgeblendet oder läuft als Routine automatisch ab. Kommt aber eine weitere komplexe Aufgabe dazu, sinkt die Hirnleistung drastisch. Dann wechselt das Gehirn rasant zwischen den Aufgaben hin und her. Eine Fähigkeit, die auch vom Alter abhängt: Kinder und Senioren haben bei diesem Wechsel größere Schwierigkeiten.

Das Erstaunliche an unserem Gehirn ist aber, dass seine Leistungsfähigkeit trainierbar ist. Somit lässt sich auch das Multitasking üben. Zu diesem Ergebnis kommt eine Untersuchung von Neurowissenschaftlern der University of California in Los Angeles. Sie verglichen die Leistung von Probanden, die viel online arbeiteten und dabei oft multitasken, mit denen, die wenig online arbeiteten. Beide Gruppen sollten fünf Tage lang das Netz für einen Arbeitsplan nutzen. Bei beiden Gruppen wurden die Aktivitätsmuster im Gehirn gemessen. Bei jenen, die Multitasking gewohnt waren, gab es schon vorher eine große Aktivität in dem Bereich des Hirns, der für strategisches und logisches Denken zuständig ist. Bei der multitasking-unerfahrenen Gruppe hatte sich die Aktivität in diesem Hirnbereich nach fünf Tagen an die der ersten Gruppe angeglichen.

Allerdings hatten sich die Ergebnisse nicht deutlich verbessert. Zwar lässt sich die Geschwindigkeit leicht erhöhen, in der das Gehirn zwei oder mehrere komplexe Aufgaben bearbeitet. Ganz ohne Verluste geht es aber nicht. Den kognitiven Fähigkeiten des Menschen sind natürliche Grenzen gesetzt.

In: Die Zeit vom 20. September 2012

Fortsetzung auf Seite 49

Fortsetzung von Seite 48

M 4 Martin Wehrle: Das Zitat … und Ihr Gewinn (2010)

„Alles auf einmal tun zu wollen,
zerstört alles auf einmal."
Georg Christoph Lichtenberg

Wer mehrere Dinge zur selben Zeit anfing, galt früher als Chaot. Heute werden solche Menschen als „Multitasking-Talente" gepriesen. Immer schneller geht es zu in der Arbeitswelt: Dutzende von E-Mails und SMS prasseln herein, das Telefon klingelt, ein Kunde quengelt, zwei Meetings rufen. Und auf dem Schreibtisch wächst der Papierberg zum Achttausender-Gipfel heran.

Ist es da nicht normal, dass ein Chef im Gespräch mit seinem Mitarbeiter ein Telefonat annimmt, seine Mails checkt und in Gedanken das Abendmeeting durchspielt? Ist es da nicht normal, dass eine Fachkraft mehrere Projekte zur selben Zeit anstößt, am Computer von Dokument zu Dokument hüpft und auf alle Mails in der Geschwindigkeit eines Wirbelwinds antwortet?

Vielleicht ist es normal geworden – aber es zeigt vor allem eines: das mangelnde Organisationstalent dieser Menschen. Was ihnen fehlt, sind Prioritäten. Wein und Wasser, Aufgaben von höchster und geringster Wichtigkeit, werden bis zur Unkenntlichkeit vermengt. Ein Beispiel ist der Manager, der für seinen Bereich eine Strategie entwickeln müsste, sich aber stattdessen am Nasenring des Tagesgeschäftes durch die Arena führen lässt.

Statt selbst zu bestimmen, wie er seine Zeit investiert, retourniert er die zufällig übers Netz fliegenden Bälle: Anrufe, Mails, Nichtigkeiten des Tages. Er reagiert, statt zu agieren. Das wirklich Wichtige, die Strategie, bleibt auf der Strecke.

Unser Kopf kann zur selben Zeit nur einen Gedanken denken. Wer sich mit zwei Sachen beschäftigt, beschäftigt sich mit keiner richtig. Und das merkt man den Ergebnissen an! Wenn ich für jedes unvollendete Konzept, für jedes vergessene Mitarbeitergespräch, für jedes schlecht vorbereitete Meeting meiner Klienten zehn Cent bekommen hätte, wäre mittlerweile ein dickes Sparschwein voll. Die Standardursache für Versäumnisse: Multitasking.

Fragen Sie sich: An welchen Ergebnissen werde ich gemessen? Welche Kleinigkeit, täglich getan, würde mich auf lange Sicht vorwärtsbringen? Und angenommen, Sie dürften täglich nur eine Stunde arbeiten: Was würden Sie in dieser Zeit anpacken?

Wer weiß, was in seinem Job wirklich zählt, gibt das Multitasking auf. Er tut eines nach dem anderen: die wichtigen Dinge zuerst; und die weniger wichtigen – gar nicht!

In: Die Zeit vom 16. Dezember 2010

Aufgaben

Die Aufgabenstellung verstehen, Vorwissen aktivieren

1. Antworten Sie spontan: Sind Sie ein Multitasker oder machen Sie eine Sache nach der anderen?

2. Welche Erfahrungen haben Sie zum Thema „Multitasking und Lernen" gemacht? Notieren Sie Stichpunkte.

3. Untersuchen Sie die Aufgabenstellung, indem Sie die folgenden Fragen schriftlich beantworten:
   - Was verlangt die Aufgabenstellung von Ihnen? Welche Art von Text sollen Sie schreiben?
   - Wer sind die Adressaten Ihres Textes?
   - Welche Auswirkungen hat Ihr Adressatenkreis auf Ihren Text?
   - Wo wird Ihr Text veröffentlicht?

Fortsetzung auf Seite 50

Aufgaben

Die Materialien analysieren und in Beziehung setzen

1. Lesen Sie die Materialien im Hinblick auf die Aufgabenstellung gezielt durch.
   - Markieren Sie wichtige Textstellen zum Thema.
   - Unterstreichen Sie Untersuchungsergebnisse und unterschlängeln Sie Meinungen zum Thema.

2. Welche Verbindung kann zwischen den Ergebnissen des Diagramms und der Verbreitung von Multitasking hergestellt werden? Ergänzen Sie die folgenden Sätze in Ihrem Heft.

   Die Ergebnisse der Befragung zum Medienkonsum Jugendlicher in ihrer Freizeit zeigen, dass Jugendliche heute in erheblichem Maße ...
   Daraus lässt sich schließen, dass Multitasking ...

3. Notieren Sie, welche Materialien in ihrer Grundausrichtung übereinstimmen.

Einen Schreibplan erstellen

1. Fertigen Sie anhand Ihrer Vorarbeiten eine Gliederung für den Hauptteil an:
   - In welcher Reihenfolge wollen Sie die Aspekte aus den Materialien behandeln?
   - An welchen Stellen wollen Sie Ihre eigenen Erfahrungen einbringen?

2. Überlegen Sie sich eine ansprechende Einleitung. Bedenken Sie dabei Erscheinungsrahmen und Zielgruppe Ihres Textes.

3. Geben Sie am Ende Ihres Textes eine begründete Empfehlung ab.

Den Text schreiben

1. Geben Sie Ihrem Text eine passende und interessante Überschrift.

2. Formulieren Sie Einleitung, Hauptteil und Schluss Ihres informierenden Textes.

Den Text überarbeiten

1. Überprüfen Sie die Sprache Ihres Textes.
   - Haben Sie sachlich formuliert?
   - Bleibt Ihr Satzbau überschaubar?
   - Haben Sie gedankliche Bezüge auch sprachlich hergestellt?
   - Sind Grammatik, Rechtschreibung und Zeichensetzung korrekt?
   - Wurden Zitate und Paraphrasen sinnvoll in den Text integriert?

2. Kontrollieren Sie den Inhalt Ihres Textes?
   - Sind in Ihrem Text die wesentlichen Aspekte der Materialien enthalten?
   - Haben Sie eigene Erfahrungen einbezogen und als solche kenntlich gemacht?

3. Kontrollieren Sie den Aufbau Ihres Textes.
   - Hat Ihr Text eine nachvollziehbare gedankliche Struktur?
   - Hat Ihr Text eine informative Überschrift?
   - Gliedert sich Ihr Text in Einleitung, Hauptteil und Schluss?

Politisch korrekte Kinderbücher?

Materialgestützt einen argumentierenden Text verfassen

Aufgabenstellung

1. Für das Programmheft der Lese- und Literaturwoche an Ihrer Schule verfassen Sie – möglichst auch auf der Basis eigener Leseerfahrungen – einen Essay zu der Frage, ob Kinderbücher an heutige Sprachgewohnheiten angepasst werden sollten. Dabei gehen Sie auf verschiedene Positionen zu politisch korrektem Sprachgebrauch im Kinderbuch ein und beziehen auch selbst Stellung. Ihr Beitrag soll einen Umfang von ca. 1500 Wörtern haben.

M 1 **Politisch korrekt**

Politisch korrekter Sprachgebrauch und politisch korrektes Handeln verfolgen das Ziel, dass Menschen nicht aufgrund bestimmter Merkmale – etwa ihres Geschlechts oder ihrer Rasse – diskriminiert werden.

Ausschnitt aus Heinrich Hoffmanns Bilderbuch „Struwwelpeter" aus dem Jahr 1845.

M 2 **Ulrich Greiner: Die kleine Hexenjagd (2013)**

Artikel 5 des Grundgesetzes behauptet: „Eine Zensur findet nicht statt." Was aber, wenn sie doch stattfindet? In der menschenfreundlichen Absicht, auf die Gefühle von Minderheiten Rücksicht zu nehmen? Bekannte deutsche Verlage haben angekündigt, ihre Kinderbuch-Klassiker zu überarbeiten und Formulierungen, die als verletzend empfunden werden könnten, durch neutrale zu ersetzen. Klaus Willberg vom Thienemann Verlag, der die Bücher von Michael Ende und Otfried Preußler verlegt, beabsichtigt, „veraltete und politisch nicht mehr korrekte Begrifflichkeiten" zu entfernen: Wie anders als Zensur oder Fälschung soll man das nennen?

In Preußlers Buch „Die kleine Hexe" verkleiden sich Kinder als Neger, Chinesenmädchen und Türke. Diese Begriffe sollen nach Willbergs Willen verschwinden: „Die Kinder werden sich als etwas anderes verkleiden." Ihre Auswahl schrumpft: Als Indianer, Zigeuner oder Eskimo können sie auch nicht gehen, das wäre diskriminierend, ein Dornröschen wäre sexistisch, ein Scheich islamfeindlich. Und Hexe geht ja schon lange nicht mehr. […]

Glaubt im Ernst jemand, man erziehe Astrid-Lindgren-Leser zu Rassisten, wenn man den Text nicht reinige? Sollte man die pädagogische Energie nicht besser auf das Heer jener Illiteraten richten, die von Pippi Langstrumpf noch nie etwas gehört haben und trotzdem genau wissen, wer der Neger ist?

Nach: http://www.zeit.de/2013/04/Kinderbuch-Sprache-Politisch-Korrekt/komplettansicht

Fortsetzung auf Seite 52

Fortsetzung von Seite 51

M 3 Sind in den aktuellen Übersetzungen der Bücher Astrid Lindgrens die Worte „Neger“ oder „Zigeuner“ zu finden? (2014)

Nein, wir haben die deutschen Übersetzungen der Bücher und Hörbücher von Astrid Lindgren mit Blick auf den jeweils aktuellen Sprachgebrauch überprüft und Anpassungen vorgenommen. In allen Neuauflagen und Neuaufnahmen ab 2009 sind die Worte „Neger“ und „Zigeuner“ nicht mehr zu finden. Diese Begriffe sind heute nicht mehr zeitgemäß, entsprechen im deutschen Sprachgebrauch nicht mehr dem heutigen Menschenbild und können missverstanden werden. Sie wurden deshalb entweder gestrichen oder durch neue Formulierungen ersetzt. So wird beispielweise Pippi Langstrumpfs Papa jetzt als „Südseekönig“ bezeichnet, der die „Taka-Tuka-Sprache“ spricht.

In den 1940er Jahren, als Astrid Lindgren die „Pippi Langstrumpf“-Bücher schrieb, war in Skandinavien das Wort „Neger“ die übliche Bezeichnung für Menschen mit schwarzer Hautfarbe. Wer Astrid Lindgren und ihre Werke kennt, weiß, dass sie tolerant und allem Fremden gegenüber aufgeschlossen war. Ihr Werk ist gekennzeichnet durch Liebe und Verständnis gegenüber allen Menschen und ihr humanitärer Anspruch prägt alle ihre Geschichten. Auch ihre Kinderbuchfiguren hegen keinerlei Vorurteile.

Astrid Lindgrens Erben haben sich bislang sprachbedingt gegen eine Änderung ihrer Texte ausgesprochen, dem Verlag Friedrich Oetinger aber 2009 eine zeitgemäße Anpassung gestattet.

Nach: Oetinger Verlag: http://www.oetinger.de/verlag/haeufige-fragen/neger-und-zigeuner.html

M 4 Marie Amrhein: Schuldig sind wir alle (2013)

Kinder erfreuen sich an Pipis unterschiedlichen Socken und daran, wie sie die Räuber in die Flucht schlägt. Ob sie eine Neger- oder eine Südseeprinzessin ist – geschenkt.

In dieser Debatte geht es einzig um die Erwachsenen, die in ihrem Stolz verletzt sind. Unter dem Deckmantel der Literaturbewahrung soll nur eines verschleiert werden: Dass wir mit der Zensur bestimmter Ausdrücke unser Unrecht eingestehen. Wer diskriminierende Worte gebraucht, der ist schuldig. Schuld daran, Menschen verletzt zu haben. Und wie schwer diese Verletzungen sind, das kann der begnadetste weiße Literaturkritiker eben nicht nachempfinden. […] Ich selber bin mit dem Wort Neger aufgewachsen, unkritisch, unhinterfragt, laut und deutlich ausgesprochen. Oder, wie [Noah] Sow schreibt: Weiße Deutsche „wurden mit Rassismus vollgemüllt, genau wie schwarze Deutsche auch. Und jetzt müssen sie diesen Müll loswerden.“ Bis heute kommt es über meine Lippen, bis heute nenne ich eine schwarze Puppe Negerpuppe, Schaumküsse Negerküsse. Ich weiß schon lange, dass das nicht in Ordnung ist. Und trotzdem fällt es mir schwer, da korrekt zu sein. Gilt es doch als ätzend, spießig, ideologisch verbrämt. Kritik daran bin ich bisher leichtfüßig ironisierend ausgewichen.

Das tut mir leid. Ich will es in Zukunft besser machen.

Nach: http://www.cicero.de/salon/schuldig-sind-wir-alle/53195

M 5 Christine Nöstlinger: Der Neger bleibt ein Neger (2013)

Das Fahnden nach politisch Unkorrektem ist sichtlich ein neuer Trend. In den vergangenen Jahrzehnten ging es um: zu viel Erotik, zu viel Aufmüpfigkeit, zu wenig gesittete Ausdrucksweise, zu wenig heile Welt und zu negativ beschriebene Lehrer und Mamas. Jetzt weht der Protestwind halt aus einer anderen Richtung. Aber ob nun Wind von rechts oder links, ganz gleichgültig, das geschieht, weil Kinderbücher nicht als richtige Literatur gelten, sondern als so etwas Ähnliches wie Erziehungspillen, eingewickelt in buntes G'schichterlpapier. Und je nachdem, wie die Dreinreder Kinder erzogen und zugerichtet haben wollen, sind eben ihre Vorstellungen von brauchbarer Lektüre für Kinder.

Nach: http://www.zeit.de/2013/05/Kinderbuecher-Sprache-Political-Correctness-Christine-Noestlinger

Fortsetzung auf Seite 53

Fortsetzung von Seite 52

Politisch korrekte Kinderbücher?
Materialgestützt einen argumentierenden Text verfassen

Aufgaben

Die Aufgabenstellung verstehen, Vorwissen aktivieren

1. Stellen Sie in einer Tabelle gegenüber, was Sie von einem Kinderbuch erwarten und was sich Ihrer Meinung nach nicht in einem Kinderbuch finden sollte.

Ich erwarte von einem Kinderbuch ...	Nicht in ein Kinderbuch gehört/gehören ...
...	...

2. In der Aufgabenstellung geht es um „heutige" Sprachgewohnheiten, die in einem Gegensatz zu früheren Sprachgewohnheiten stehen. Warum ändern sich Sprachgewohnheiten im Laufe der Zeit? Benennen Sie mögliche Gründe.
   - *neue technische Entwicklungen*
   - *Bequemlichkeit der Sprecher*
   - ...

3. Übertragen Sie das folgende Koordinatensystem in Ihr Heft. Tragen Sie weitere Formulierungen, Sprichwörter und Redewendungen ein, die zum Thema passen.

Die Materialien analysieren und in Beziehung setzen

1. Formulieren Sie zu jedem Material eine eigene, aussagekräftige Überschrift.

2. Markieren Sie in den Materialien die Kinderbuch-Formulierungen, die in der Diskussion stehen.

3. Sollen Formulierungen in Kinderbüchern im Sinne eines politisch korrekten Sprachgebrauchs geändert werden oder nicht?
   a) Formulieren Sie Ihre Antwort auf diese Frage in einem Satz. Notieren Sie Ihren Satz in der Mitte eines leeren Blattes.
   b) Entnehmen Sie den Materialien Argumente und notieren Sie sie in Kurzform um Ihren Satz herum.
   c) Verdeutlichen Sie durch Linien, welche Notizen auf Ihrem Blatt sich widersprechen und welche (teilweise) übereinstimmen.

Fortsetzung auf Seite 54

Politisch korrekte Kinderbücher?
Materialgestützt einen argumentierenden Text verfassen

Aufgaben

Einen Schreibplan erstellen

1. Rufen Sie sich noch einmal die Anforderungen an einen Essay in Erinnerung. Ziehen Sie dazu den Steckbrief auf Seite 28 f. heran.

2. Halten Sie die Struktur Ihres Essays mit grafischer Unterstützung fest. Bedenken Sie dabei, dass ein Essay ein erörternder Spaziergang ist, der dennoch auch einem roten Faden folgt.
   a) Übertragen Sie die Grafik größer in Ihr Heft und notieren Sie in den Rahmen Stichpunkte zu vier bis fünf Stationen. Es sollten sich Stichpunkte zur Einleitung, zum Schluss und zu einem starken Argument für Ihre Position finden.
   b) Notieren Sie links und rechts des geschwungenen Pfeils Stichpunkte zu den gedanklichen Umwegen, die Ihr Essay nehmen soll. Dabei können Sie z. B. links Stichpunkte zum „Beibehalten" und rechts Stichpunkte zum „Ändern" festhalten.

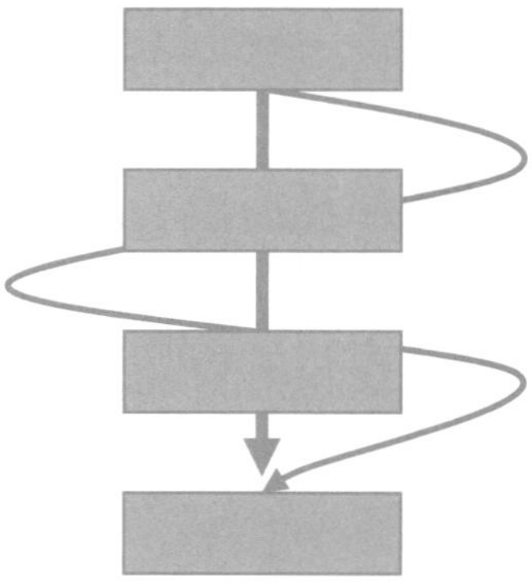

Den Text schreiben

1. Erproben Sie verschiedene Möglichkeiten, das Leserinteresse zu wecken, z. B:
   - eine Einleitung mit einer überraschenden Information aus den Materialien,
   - eine Einleitung mit einer passenden persönlichen Erfahrung,
   - eine Einleitung mit einem geeigneten Zitat,
   - eine Einleitung mit einer Provokation,
   - eine Einleitung mit einem scheinbar unpassenden Gedanken.

2. Formulieren Sie drei bis vier Textblöcke aus. Nutzen Sie dabei bewusst die Möglichkeiten, die Ihnen der Essay bietet: Beschreiben, zitieren, argumentieren und erzählen Sie.

3. Experimentieren Sie mit der Reihenfolge der Textblöcke aus Aufgabe 2.

4. Formulieren Sie weitere Textblöcke und den Schluss Ihres Essays.

Den Text überarbeiten

1. Ordnen Sie Ihren Text im Spannungsfeld zwischen „Erörterung" und „Erzählung" ein. Keine der beiden Positionen sollte überbetont sein.

2. Untersuchen Sie das Verhältnis Ihrer Textteile: Müssen Überleitungen zwischen den Teilen verbessert oder ganze Teile herausgenommen oder ergänzt werden?

3. Überprüfen Sie den Stil Ihres Essays:
   - Verwenden Sie ausreichend viele rhetorische Mittel?
   - Ist Ihr Sprachniveau bei Wortschatz und Satzbau hoch genug?
   - Ist der Essay anschaulich und abwechslungsreich genug?

Kulturförderung

Materialgestützt einen argumentierenden Text verfassen

Aufgabenstellung

1. Ihre Heimatstadt bietet eine städtische Bibliothek, ein Theater, ein Museum und einen Konzertsaal. In der kommenden Stadtratssitzung wird der Kulturhaushalt des nächsten Jahres verhandelt, wobei es Ihre Aufgabe ist, zu Beginn eine Rede zum Thema „Kulturförderung der Zukunft“ zu halten. Dabei sollten Sie mit Hilfe der Materialien den Sachverhalt darlegen und sich positionieren.

M 1 Kulturförderung

Wenn Gemeinden, Städte, Bundesländer oder der Bund kulturelle Veranstaltungen oder Einrichtungen finanzieren oder subventionieren, spricht man von Kulturförderung. Typische Institutionen, die derartige Förderungen erhalten, sind z. B. Theater, Museen oder Bibliotheken. Daneben werden auch einzelne Künstler und Künstlerinnen etwa durch Preise und Stipendien gefördert.

Die öffentlichen Kulturausgaben sind starken Schwankungen unterworfen. In Zeiten knapper Kassen wird häufig zuerst bei der Kultur gekürzt. Die Kulturförderung ist außerdem – abhängig von den Mehrheiten in den zuständigen Gremien – politisch beeinflusst.

M 2 Karikatur (2015)

Nils Fliegner

Fortsetzung auf Seite 56

M 3 Andrea Bayerlein: Kaum Interesse an klassischer Musik (2014)

Forsa-Umfrage der Körber-Stiftung: Zwei Drittel der Deutschen sehen Konzerthäuser in der Pflicht, klassische Musik mehr Menschen zugänglich zu machen

Für 88 Prozent der Deutschen ist klassische Musik ein wichtiges kulturelles Erbe. Aber nur jeder Fünfte hat im vergangenen Jahr ein klassisches Konzert besucht – von den Unter-30-Jährigen sogar nur jeder Zehnte. Das zeigt eine Forsa-Umfrage im Auftrag der Körber-Stiftung unter 1006 Personen im Dezember 2013. 65 Prozent der Befragten finden, dass die Konzerthäuser in der Pflicht sind, klassische Musik mehr Menschen zugänglich zu machen. „Konzerthäuser sind eigentlich in einer komfortablen Situation: Viele akzeptieren die öffentlichen Ausgaben für klassische Musik", sagt Kai-Michael Hartig, Leiter des Bereichs Kultur der Körber-Stiftung. „Aber sie erreichen immer weniger Menschen, vor allem nicht die jungen. Moderne Konzerthäuser müssen sich der Herausforderung stellen und Ideen entwickeln, wie sie mehr Interesse wecken können." [...]

Als Gründe gegen einen Besuch führen die Befragten neben zu wenig Zeit (37 Prozent) und zu hohen Kosten (35 Prozent) an, dass ihnen das Interesse an Konzerten fehlt (35 Prozent). Besonders junge Menschen erreichen die Konzerthäuser nicht: 45 Prozent der Unter-30-Jährigen nehmen deren Werbung nicht wahr – im Gegensatz zu 16 Prozent der Befragten über 60 Jahren. 25 Prozent der Jungen finden die Atmosphäre in Konzerthäusern elitär. 18 Prozent von ihnen stören sich an unverständlichen Inhalten.

http://www.koerber-stiftung.de/presse/pressemeldungen/presse-details-stiftung/artikel/kaum-interesse-an-klassischer-musik.html

M 4 Dominik Hutter: Mit freundlicher Unterstützung (2013)

Einmal Stadtmuseum für Erwachsene? 111,60 Euro! Es gäbe wohl jede Menge Ärger an der Kasse, wenn München für seine Kultureinrichtungen kostendeckende Preise verlangen würde. Die billigste Eintrittskarte für die Münchner Philharmoniker würde nicht mehr acht, sondern 75,95 Euro kosten. Die Jahresgebühren für die Sing- und Musikschule wären um 577,15 Euro höher, und die Besucher des Volkstheaters müssten je nach Preisgruppe zwischen 68,06 und 94,06 Euro hinlegen.

München aber lässt sich seine Attraktionen jedes Jahr viele hundert Millionen Euro kosten – gut investiertes Geld, wie Kämmerer Ernst Wolowicz findet. Ohne diese Subventionen, so betont der eigentlich als sparsam bekannte SPD-Mann, wäre Bayerns Landeshauptstadt sehr schnell eine Stadt für die oberen Zehntausend. [...]

Zu den Zuschüssen aus dem Rathaus kommen auch noch die aus den Kassen des Freistaats, der unter anderem für die Pinakotheken sowie das National- und Residenztheater zuständig ist. Um die Oper auch für Nicht-Millionäre zugänglich zu halten, lässt das Land Bayern jährlich 54,3 Millionen Euro springen. 109,63 Euro pro Karte. Das staatliche Residenztheater bekam in der Spielzeit 2011/12 gut 25 Millionen Euro überwiesen, 4,8 Millionen Euro nahm die Bühne selbst ein.

http://www.sueddeutsche.de/muenchen/subventionen-fuer-kulturbetriebe-mit-freundlicher-unterstuetzung-1.1855702

Nils Fliegner

Fortsetzung von Seite 56

M 5 **Joseph Hanimann: Kultur will zwar teuer bezahlt sein – zahlt sich dann aber aus (2014)**
Frankreich fördert fleißig seine Künstler, prüft aber auch akribisch per Statistik, ob sich der ganze Aufwand lohnt.

Geist und Geld kehren einander bis heute die kalte Schulter zu. Sind sie auch nicht mehr ganz so unvereinbar wie der nüchtern die Flöte blasende Geschäftsmann Johann Buddenbrook und sein vollkommen geschäftsuntüchtiger, klavierspielender Urenkel Hanno bei Thomas Mann, fügen Kultur und Wirtschaft sich meistens doch nur ächzend in eine Soll-Haben-Bilanz. Die eine bleibt die unersättliche Bittstellerin der anderen – scheint es zumindest.

Bemerkenswert ist es also, wenn Kultur plötzlich wirtschaftlichen Mehrwert bringen, Arbeitsplätze schaffen und regionale Wirtschaftsräume beleben soll. Die Einsicht kommt aus dem marktliberalen angelsächsischen Raum, wo das Buch „The Warhol Economy“ vor ein paar Jahren die Ankurbelung der New Yorker Gesamtwirtschaft durch Musik, Kunst und Mode vorführte, wie aus dem zentralstaatsgläubigen Frankreich. Ein vom Pariser Kultur- und vom Finanzministerium gemeinsam herausgegebener Bericht führt mit Zahlen- und Tabellenkaskaden den Anteil der Kultur als Schwergewicht in der französischen Gesamtwirtschaft vor Augen.

Wie sehr das zu Buche schlägt, ist regional wiederholt schon spürbar geworden. Negativ etwa im Schock vor zehn Jahren, als kurzfristig das Theaterfestival Avignon abgesagt wurde, oder positiv im Erfolg des gerade abgelaufenen Kulturhauptstadtprogramms Marseille mit 2 Millionen mehr Touristen als im Vorjahr. Der Bericht aus den Ministerien bringt es nun schwarz auf weiß.

Mit einem direkt und indirekt geschaffenen Mehrwert von 57,8 Milliarden Euro, das heißt 3,2 Prozent des Mehrwertergebnisses insgesamt, stand die Kultur im Jahr 2011 praktisch ebenbürtig neben der Landwirtschaft und weit vor der Chemie- oder der Autoindustrie. 670 000 Stellen zählt der Kultursektor, mit den zudienenden Branchen sogar zweihunderttausend mehr. Dem stehen an Staatsaufwand für die Kultur durch Subvention und Steuervergünstigung 13,9 Milliarden Euro gegenüber, ergänzt durch 7,6 Milliarden regionale Aufwendungen. Mag auch die Berechnungsgrundlage für solche Erhebungen fragwürdig bleiben, ist die Bilanz eindeutig positiv und die Vorstellung von der Kultur mit der ewig hohlen Hand reichlich überholt.

Die Kultur ist neuerdings als gesellschaftliches Bindemittel, als Lockvogel im regionalen Attraktivitätswettbewerb und als Faktor höherer Lebensqualität entdeckt worden. Das Kleid eines knallharten Wirtschaftssektors steht ihr noch etwas steif.

Aus: Süddeutsche Zeitung vom 11./12.01.2014

Aufgaben

Die Aufgabenstellung verstehen, Vorwissen aktivieren

1. Markieren Sie in der Aufgabenstellung, zu welchem Anlass, vor welchem Publikum und zu welchem Thema Sie Ihre Rede halten sollen.

2. Notieren Sie spontan, wie die in der Aufgabenstellung genannten Bedingungen Ihre Rede beeinflussen.
   - Einfluss in Bezug auf den Inhalt: ____________________

   ____

   ____
   - Einfluss in Bezug auf die Sprache: ____________________

   ____

   ____

Fortsetzung auf Seite 58

Fortsetzung von Seite 57

Kulturförderung

Materialgestützt einen argumentierenden Text verfassen

Aufgaben

3. Welche Institutionen sind für Sie persönlich förderungswürdig? Legen Sie eine Reihenfolge von 1 bis 4 fest. Begründen Sie in Stichpunkten die Förderungswürdigkeit Ihrer beiden Favoriten.

☐ Theater: ______________________

☐ Bibliothek: ______________________

☐ Museum: ______________________

☐ Konzertsaal: ______________________

4. Erstellen Sie ein Cluster zum Thema „Kultur“.

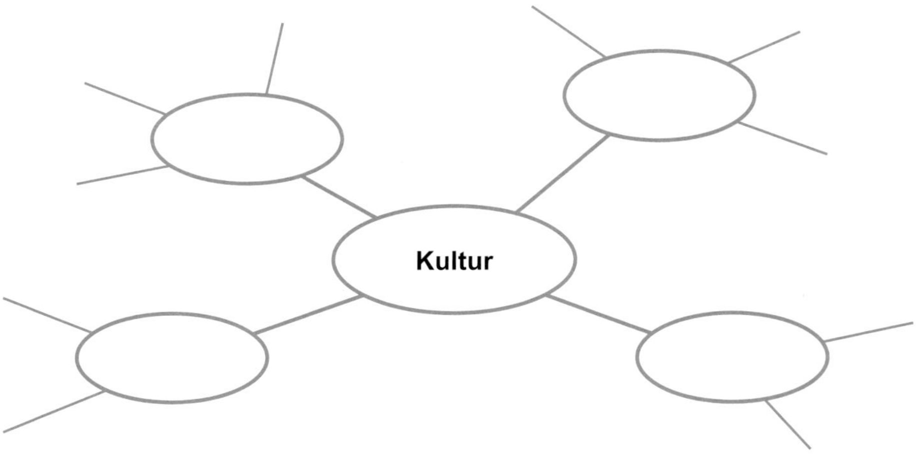

Die Materialien analysieren und in Beziehung setzen

1. Lesen Sie sich die Materialien durch und betrachten Sie die Karikatur.
   Formulieren Sie anschließend zu jedem Material eine eigene, aussagekräftige Überschrift.

2. Untersuchen Sie die Materialien genauer.
   - Markieren Sie wichtige Textstellen mit einer Farbe.
   - Markieren Sie besonders aussagekräftige Zahlen mit einer anderen Farbe.

3. Stellen Sie die Vor- und Nachteile der Kulturförderung in einer Tabelle gegenüber.

PRO Kulturförderung	KONTRA Kulturförderung
schafft Arbeitsplätze	…
…	…

Kulturförderung
Materialgestützt einen argumentierenden Text verfassen

Aufgaben

Einen Schreibplan erstellen

1. Rufen Sie sich noch einmal die Anforderungen an eine Rede in Erinnerung. Ziehen Sie dazu den Steckbrief auf Seite 28 f. heran.

2. Jeder gute Redner verfolgt mit seinem Beitrag eine bestimmte Absicht. Formulieren Sie daher das Ziel Ihrer Rede in einem Satz.

   ___

   ___

   ___

3. Ordnen Sie die Argumente, die Sie den Materialien entnommen haben, aufsteigend vom schwächsten zum stärksten Argument und ergänzen Sie eigene Argumente.

Den Text schreiben

1. Erproben Sie verschiedene Möglichkeiten, um das Hörerinteresse zu wecken, z. B.:
   - eine Einleitung mit einer überraschenden Information aus den Materialien,
   - eine Einleitung mit einer passenden persönlichen Erfahrung,
   - eine Einleitung mit einem geeigneten Zitat,
   - eine Einleitung mit einer Provokation,
   - eine Einleitung mit einem scheinbar unpassenden Gedanken.

2. Formulieren Sie Ihre Argumente aus. Achten Sie dabei auf den Dreischritt von Behauptung, Begründung und Beispiel.

3. Finden Sie für mindestens drei Ihrer Argumente passende sprachliche Bilder.

4. Bündeln Sie Ihre Argumente am Schluss Ihrer Rede und ziehen Sie ein einprägsames Fazit.

Den Text überarbeiten

1. Halten Sie sich noch einmal Ihr Publikum und den Anlass Ihrer Rede vor Augen. Beurteilen Sie dann selbstkritisch, ob Ihre Rede angemessen ist.

2. Prüfen Sie, ob die Rede für Ihre Zuhörer gut verständlich ist. Ist der Satzbau angemessen?

3. Haben Sie Ihre Zuhören angesprochen und einbezogen?

4. Prüfen Sie, ob Sie noch überzeugender sein sollten. Erproben Sie stärkere Gegensätze und einprägsamere Bilder.

Das Internet – Mitbestimmung oder Manipulation?

Materialgestützt einen argumentierenden Text verfassen

Aufgabenstellung

1. Verfassen Sie als Beitrag für die Oberstufenzeitung einen Kommentar zu der Frage, ob das Internet die Meinungsbildung positiv oder negativ beeinflusst. Umreißen Sie das Thema knapp und nehmen Sie dann begründet für eine der beiden Seiten Stellung. Ihr Kommentar sollte ca. 800 Wörter umfassen.

M 1 Ingeborg Breuer: Schwarmintelligenz im Internet (2012)

[...] Schwarmintelligenz. Der Begriff hat Konjunktur. Ursprünglich aus der Biologie stammend, wird er zunehmend auch zur Beschreibung gesellschaftlicher Vorgänge benutzt. Das Internet funktioniert wie ein Schwarm, heißt es. Und der arabische Frühling war eine Schwarmbewegung via Facebook: ohne Anführer, ohne Partei, aber plötzlich bewegten sich alle in dieselbe Richtung. Das Geheimnis hinter der Schwarmintelligenz heißt – kollektive Selbstorganisation. Aus einer zunächst spontanen Interaktion einiger Individuen entsteht eine zielgerichtete Aktion und schließlich ein komplexes, intelligentes Gesamtverhalten. Letztlich sind es simple Regeln, die eine Gruppe Lebewesen zu einem Schwarm zusammenführen: Schwarmtiere wie Fische oder Vögel folgen jeweils dem Tier vor ihnen und halten einen gewissen Abstand zu den Nachbarn.

„Wenn jedes Individuum nur auf seine nächsten Nachbarn schaut, die drei, vier, die am dichtesten dran sind, und wenn man eine Eigentendenz hat, sich aber auch ein bisschen nach diesen lokalen Nachbarn richtet, dann kann das dem ganzen Schwarm eine einzige Richtung geben, und das nennt man eben das Prinzip der Selbstorganisation. Jeder kennt nur seine lokale Umwelt, aber trotzdem kann das den Schwarm global ausrichten und das hat sich in vielen empirischen Studien bestätigt.“

Übrigens bedarf es in der Regel nur weniger Individuen, die die Richtung eines Schwarms forcieren. Jens Krause hat experimentell herausgefunden, dass dies auch für Menschen gilt. 200 Probanden, die ziellos in einer großen Halle herumgingen, formierten sich zum Schwarm, nachdem zehn von ihnen eine bestimmte Richtung vorgaben. Manche kennen das sicher auch aus eigener Erfahrung. Ein Flugzeug ist gelandet, die Passagiere strömen ins Flughafengebäude. Sie sehen sich ratlos um, wo es nun zum Gepäckband geht. Einige marschieren los – und die Masse folgt ihnen.

„Wir haben uns damit beschäftigt, wie viele Individuen es braucht, um in einer Gruppe neue Richtungsimpulse zu setzen. Wir haben das auf großen Plätzen mit mehreren Hundert Menschen experimentell ausprobiert und es zeigte sich: Mit fünf Prozent der Menge kann man einen neuen Richtungsimpuls setzen.“

Auch im Internet bilden sich Schwärme. Da veröffentlicht jemand sein Musikvideo bei YouTube. Einigen gefällt das und deren Freunden auch und deren Freunden ebenso. Und morgen ist er zum Superstar geworden, weil die Netzgemeinde ihn mit Millionen von Klicks geadelt hat. Der Soziologe Dr. Jan Schmidt, Medienforscher an der Universität Hamburg: „Was das Internet wirklich geschaffen hat, ist, dass es einen neuen Typ von Öffentlichkeit geschaffen hat, der es im Prinzip jedem erleichtert, einen relativ großen Personenkreis zu erreichen, also eine große Öffentlichkeit herzustellen.“ [...]

http://www.deutschlandfunk.de/schwarmintelligenz-im-internet.1148.de.html?dram:article_id=210550

Fortsetzung auf Seite 61

Fortsetzung von Seite 60

M 2 **Karikatur (2015)**

Nils Fliegner

M 3 **Alexandra Borchardt: So ein Schwarm kann sehr dumm sein (2012)**

Menschen lassen sich durch eine über das Netz suggerierte Mehrheit beeinflussen. Unternehmen kaufen deshalb Fans dazu oder erfinden sie. So sind laut einer an der Universität Mailand veröffentlichten Untersuchung zum Teil nur die Hälfte der „follower" eines Unternehmens Menschen aus Fleisch und Blut. Wie das funktioniert, wissen auch Regierungen. Die Twitter-Schlacht im jüngsten Nahost-Konflikt ist ein Beispiel dafür. […]

Das bewusste Manipulieren auch von halböffentlichen Äußerungen nehme rasant zu, berichtete Sandro Gayken, der im Planungsstab des Auswärtigen Amtes die IT-Außenpolitik Deutschlands mitprägt. Die USA zum Beispiel, die dies daheim nicht dürften, seien diesbezüglich vor allem in Asien und Russland extrem aktiv.

Über das Internet bildet sich zudem eine neue Klassengesellschaft heraus. Netzaffine, gebildete, mit reichlich Zeit ausgestattete Bürger beeinflussen die Meinung im Internet weit überproportional. […] Wer arm ist, ungebildet, zu alt oder zu beschäftigt mit anderen Dingen des Lebens, kommt in der digitalen Welt nicht vor. Diese Welt ist zudem eine vorwiegend männliche, weil das Medium nicht nur dem Technikinteresse, sondern auch einer Art Geltungsdrang entgegenkommt, die bei Männern besonders verbreitet ist.

http://www.sueddeutsche.de/digital/demokratie-im-netz-so-ein-schwarm-kann-sehr-dumm-sein-1.1526705-2

Fortsetzung auf Seite 62

Fortsetzung von Seite 61

M 4 Die „Filterblase"

Hinter dem Begriff der Filterblase, die auch als Informationsblase bezeichnet wird, verbirgt sich ein Phänomen, das der Internetaktivist Eli Pariser beschrieben hat. Es geht darum, dass Webseiten bestimmte Algorithmen verwenden, um auf der Basis von Benutzerdaten (z. B. Standort, Such- und Kaufverhalten) Informationen für den einzelnen User vorauszuwählen. Auf diese Weise erhält der User nur Informationen, die seinem Profil entsprechen, und wird gleichzeitig von widersprechenden Informationen separiert, er befindet sich also in einer computergenerierten, intellektuellen Blase. Personalisierte Suchergebnisse von Suchmaschinen oder personalisierte News Streams im sozialen Netzwerk sind prominente Beispiele für die diese Vorgehensweise.

imagebroker.net

M 5 Silke Weber: Im Schwarm Wissen sammeln (2013)

Tatsächlich recherchieren drei Viertel aller deutschen Lehrer im Internet, um ihre Stunden zu planen, das belegt eine Studie des Instituts für Demoskopie Allensbach. Doch jeder recherchiert für sich, es findet kaum ein Wissensaustausch statt. Und währenddessen wächst das Angebot an online verfügbaren Unterrichtsmaterialien rasant. Bei einer Marktanalyse zählten Wissenschaftler der Universität Augsburg im vergangenen Jahr bereits rund 900 000 kostenlose Materialien im Netz. Wissen, das man bündeln und viel besser für Lehrer nutzbar machen könnte.

Das dachten sich dann auch Heiko Przyhodnik und Hans Wedenig. Und getrieben von der Idee, eine Art Wikipedia für Lehrer zu gründen, starteten sie eine Crowdfunding-Aktion für ihr Internetprojekt, den „Schulbuch-O-Mat": ein lernplankonformes elektronisches Biologiebuch. Binnen 60 Tagen wollten sie 10 000 Euro über die Crowdfunding-Plattform Startnext sammeln. Wagemutig war das, aber was heißt das schon. Schließlich hatten sich die beiden vor zehn Jahren bei einer anderen Aktion kennengelernt: Sie wollten den Großstadtkindern mit Kunstschneebergen in Berlin das Skifahren näherbringen. Auch das ging.

Das Startkapital kam zusammen. Im Frühjahr und Sommer sammelten die Gründer Materialien, schrieben Artikel und vernetzten Inhalte. Pünktlich zum Schulstart im Herbst war das neue Biobuch, Deutschlands erstes freies Schulbuch, online. In der ersten Woche erreichte es bereits 1309 Downloads, die Macher hatten mit maximal 200 gerechnet. „Leute, es ist ein Biologieschulbuch für die Klassen 7/8! ;)", schrieben sie auf ihrer Facebook-Seite, überrascht von der Nachfrage. […]

Das Gehirn des Schulbuch-O-Mats ist auf die ganze Bundesrepublik verteilt. Über Startnext meldeten sich Studenten, Lehrer oder andere Bildungsinteressierte, die mitmachen wollten: eine Mutter aus Olching recherchierte Grafiken und Fotos, eine Frau aus Göttingen erstellte Artikel, ein Student aus Lübeck las Korrektur. Ein Lehrer schreibt, ihm fehle zwar die Zeit zum Mitmachen, aber man könne das Biologieglossar oder etwa die Simulationen zum Membranfluss von seiner Homepage nutzen. Aus allen Bundesländern soll der Schulbuch-O-Mat auch künftig mit Wissen gefüttert werden.

http://www.zeit.de/2013/48/digitales-schulbuch-internet

Fortsetzung auf Seite 63

Fortsetzung von Seite 62

Das Internet – Mitbestimmung oder Manipulation?

Materialgestützt einen argumentierenden Text verfassen

Aufgaben

Die Aufgabenstellung verstehen, Vorwissen aktivieren, eine Position finden

1. Machen Sie sich klar, was die Aufgabenstellung (S. 60) von Ihnen verlangt.
   Beantworten Sie dafür die folgenden Fragen.
   - Was ist das Thema Ihres Beitrags?
   - Für welche Adressatengruppe schreiben Sie?
   - Welche Textsorte wird von Ihnen verlangt? Was wissen Sie über diese Textsorte?
   - Welche Operatoren enthält die Aufgabenstellung? Was ist mit ihnen gemeint?
   - Welchen Umfang soll Ihr Text in etwa haben?

2. Formulieren Sie eine Definition des zentralen Begriffs „Meinungsbildung".

3. Sammeln Sie in einem Cluster Ihre ersten Ideen zum Thema „Meinungsbildung im Internet".

4. Reflektieren Sie Ihr eigenes Verhalten:
   - Bei welchen Themen setzen Sie (nicht) auf das Internet zur Meinungsbildung?
   - Warum setzen Sie bei bestimmten Themen (nicht) auf das Internet?
   - Wie oft setzen Sie auf das Internet zur Meinungsbildung?
   - Wie schätzen Sie Ihr Vertrauen auf Informationen aus dem Internet ein?

Die Materialien analysieren und in Beziehung setzen

1. Lesen Sie sich die Texte gezielt durch. Markieren Sie dabei Textstellen, die für das Thema von Bedeutung sind.

2. Formulieren Sie eine passende Überschrift zu der Karikatur.

3. Setzen Sie die Materialien 1 bis 5 in einem einfachen Schaubild in Beziehung:
   Welche Texte stimmen inhaltlich überein? Welche beleuchten neue Aspekte?
   Welche widersprechen sich?

4. Analysieren Sie die Argumentation der Materialien in einer Tabelle genauer.
   Tipp: Notieren Sie schon hier Zeilenangaben zu den jeweiligen Textstellen.

   Material 1:

These / Behauptung	Begründung	Beispiel
…	…	…

Fortsetzung auf Seite 64

Fortsetzung von Seite 63

Aufgaben

Einen Schreibplan erstellen

1. Rufen Sie sich noch einmal die Anforderungen an einen Kommentar in Erinnerung. Ziehen Sie dazu den Steckbrief auf Seite 28 f. heran.

2. Bringen Sie die Argumente in eine sinnvolle Reihenfolge. Fügen Sie dabei auch eigene Argumente hinzu.
   Tipp: Sie können die Argumente z. B. nach ihrer Überzeugungskraft oder auch nach ihrer Bekanntheit, vom üblichsten zum unüblichsten Argument, sortieren.

3. Entscheiden Sie sich für ein Hauptargument, dem Sie am meisten Platz in Ihrem Kommentar einräumen wollen.

Den Text schreiben

1. Formulieren Sie in drei bis vier Sätzen eine Einleitung, die auch das Thema des Kommentars umreißt.

2. Formulieren Sie den Hauptteil Ihres Kommentars. Stellen Sie Ihr Hauptargument ausführlich dar und sprechen Sie andere Argumente kürzer an.

3. Erproben Sie die folgenden Möglichkeiten für einen gelungenen Schluss:
   - Appellieren Sie an Ihre Leser.
   - Regen Sie durch eine Übertreibung zum Nachdenken an.
   - Fassen Sie Ihre Argumente kurz zusammen, um eine Folgerung zu ziehen.
   - Geben Sie eine Prognose für die Zukunft ab.
   - Stellen Sie eine offene Frage.

Den Text überarbeiten

1. Überprüfen Sie, ob Ihre Position eindeutig und klar verständlich ist.

2. Prüfen Sie, ob Sie lediglich eine allgemein akzeptierte Meinung vertreten oder – wie vom Kommentar gefordert – auch Zusammenhänge verdeutlichen und Originelles bieten.

3. Prüfen Sie den Umfang Ihres Kommentars:
   - Wenn der Kommentar zu lang ist: Wo kann gerafft, gestrichen und/oder mehr pointiert werden?
   - Wenn der Kommentar zu kurz ist: Sollte das Hauptargument ausführlicher dargestellt und/oder sollten weitere Argumente angeführt werden?

4. Haben Sie Ihrem Text eine Überschrift gegeben und ihn in Einleitung, Hauptteil und Schluss gegliedert?

5. Kontrollieren Sie den sprachlichen Ausdruck, die Grammatik, die Rechtschreibung und die Zeichensetzung.

Die Generation Y – Arbeiten und Leben

Materialgestützt einen argumentierenden Text verfassen

Aufgabenstellung

1. Da Sie selbst schon bald im Berufsleben stehen werden, bittet Sie eine Zeitschrift darum, einen Beitrag zum Thema „Vereinbarkeit von Arbeit und Leben“ zu verfassen. Dabei sollen Sie sich an der aktuellen Diskussion um die „Generation Y“ orientieren, deren Ansichten und Vorstellungen darlegen und erörtern, ob Sie diese Ansichten und Vorstellungen für richtig halten.

M 1 Kerstin Bund, Uwe Jean Heuser, Anne Kunze: Wollen die auch arbeiten? (2013)

[...] Die Generation der Umdiedreißigjährigen, die jetzt voll Selbstbewusstsein auf den deutschen Arbeitsmarkt schlendert, könnte man durchaus als Generation Pippi bezeichnen. Denn diese Generation macht sich die Welt, widdewidde wie sie ihr gefällt. Es ist, als sei Pippi tausendfach erwachsen geworden und im Berufsleben angekommen: Die Neuen wollen Spaß haben, schnell vorwärtskommen und dabei weniger Zeit in ihrem Job verbringen. Und nebenbei wollen sie auch noch die Welt retten.

Da ist zum Beispiel Ingo Kucz. Seine vierjährige Tochter schläft nur mit einem Kirschkernkissen auf dem Bauch, und ihre Kindergartenliebe heißt Simon. Ingo Kucz, 32, ist das alles sehr wichtig. Dabei ist er kein Kindergärtner, kein Pädagoge oder Arzt. Kucz arbeitet in der Konzernstrategie der Deutschen Bahn, seine Abteilung ist so etwas wie das ausgelagerte Gehirn des Firmenchefs Rüdiger Grube. Von Montag bis Freitag beschäftigt er sich mit den großen Fragen von morgen. Am Samstag baut er ein Klettergerüst. Morgens vor der Arbeit bringt Kucz seine Tochter in den Kindergarten und ihren einjährigen Bruder zur Tagesmutter. Seine Frau, eine Sonderschulpädagogin, ist da schon bei der Arbeit. Nachmittags um fünf Uhr geht Kucz heim: Er will mit seinen Kindern noch zwei Stunden spielen, sie baden, ihnen vorlesen, bevor er sie zu Bett bringt. Erst in der Nacht setzt er sich noch mal an den Schreibtisch. Ingo Kucz arbeitet Vollzeit, etwa 40 Stunden die Woche, manchmal mehr. „Wenn ich bei der Deutschen Bahn nicht so flexibel arbeiten könnte“, sagt er, „würde ich mir einen anderen Job suchen.“ [...]

Von den Unternehmen erwartet die Generation Y, dass sie umdenken und sich auf ihre Ansprüche einstellen. Selbstbestimmt und flexibel wollen sie arbeiten, das fand die Wirtschaftsprüfungsgesellschaft PwC heraus. Autoritäten zweifeln sie erst einmal an, es sei denn, der Chef beeindruckt sie. Kollegialität und persönliche Entwicklung rangieren bei ihnen ganz oben, und erst am Schluss von insgesamt 19 Kategorien stehen bei ihnen – laut einer Studie des Berliner Instituts trendence – Status und Prestige. [...]

Auch in klassischen Industriebetrieben denken die Neuen oft so. „Früher wurde Leistung über Aufstieg honoriert“, sagt Wilfried Porth, der Personalvorstand von Daimler. Heute wird auch mit Sinnstiftung bezahlt. Die Jungen kämen nur, wenn sie etwas gestalten und die Welt verbessern könnten. Zum Glück hat Daimler das Elektroauto. Häufig erkundigten sich die Bewerber danach – sie wollen an der Umweltverträglichkeit des Automobils von morgen mitbasteln. Sie wollen die Welt doch noch vor dem Klimakollaps bewahren.

Man merkt Porth an, dass die Y-Generation ihm nicht geheuer ist. Die seien gar nicht mehr richtig mobil, findet er, oft schlügen sie einen Karrieresprung aus, weil der Partner nicht mitkommen mag oder weil sie an Aufstieg und Macht nicht richtig interessiert sind. Die jungen Chinesen und Inder, die er trifft, sind da ganz anders, „viel ehrgeiziger!“. [...]

Unter dem Strich lautet das Fazit für die Jungen: Möglichst alles vermeiden, was mir keinen Spaß macht und für mich keinen Sinn erkennen lässt. Aber was heißt es für die Volkswirtschaft? Verspielen die Jungen im globalen Wettbewerb den Wohlstand, den die Älteren aufgebaut haben? Oder können sie eine nachhaltigere Wirtschaft mit qualitativem Wachstum schaffen, die die Umwelt schont und die Lebensqualität erhöht?

Kerstin Bund, Uwe Jean Heuser, Anne Kunze, in: Die Zeit 11. März 2013

Fortsetzung auf Seite 66

M 2 Altersstruktur in Deutschland (2011)

Die Generation Y wird am Arbeitsmarkt immer wichtiger.

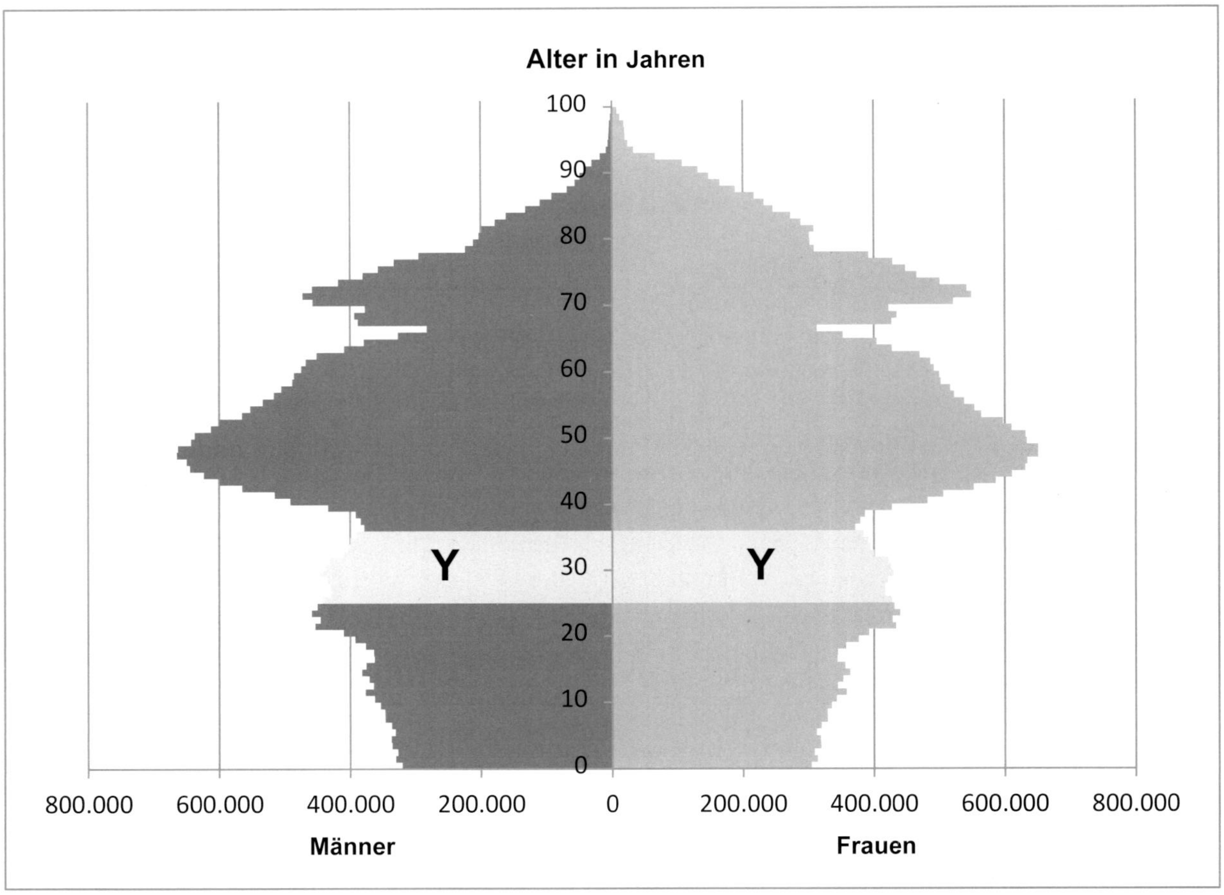

Nach: https://www.destatis.de/DE/Publikationen/Thematisch/Bevoelkerung/Bevoelkerungsstand/VorlBevoelkerungsfortschreibung.html

M 3 Ruben Karschnick: Es menschelt in der Arbeitswelt (2013)

[...] Worauf es dieser Generation ankommt, zeigt eine neue Umfrage. Durchgeführt wurde sie von der Unternehmensberatung Ernst & Young, das „Handelsblatt" hat sie veröffentlicht: 72 Prozent der Befragten nennen Entfaltungschancen als höchstes Kriterium für die Arbeitgeberwahl, 56 Prozent die Work-Life-Balance. Nur 35 Prozent sind Karriereoptionen besonders wichtig. Das unterscheidet sie deutlich von der zehn Jahre älteren Generation Golf, die etwa der Berliner Jugendforscher Klaus Hurrelmann als „kämpferisch, konsumorientiert, repräsentabel und *busy*" bezeichnet.

Man muss sich im Klaren sein, dass Generationsbegriffe von Natur aus unscharf sind, meist spiegeln sie Bedürfnisse einer kleinen, eher elitären Gruppe wider. Die Eigenschaften, die der Generation Y zugeschrieben werden, treffen am ehesten auf *High Potentials* zu, um die sich Unternehmen reißen. Sie sind es, die in den Unternehmen eines Tages das Sagen haben werden. Deshalb werden ihre Einstellungen die Arbeitswelt prägen.

Der Studie zufolge wollen diese Berufseinsteiger Entfaltung statt Fremdbestimmung, sie wollen Balance statt Burnout und lieber Freunde und Familie statt eines hochbezahlten Chefpostens. Unternehmen werden also mit Absolventen konfrontiert sein, die einen vermeintlichen Traumjob ablehnen, aus Angst, nicht mehr genug Zeit für ihr Hobby oder ihren Partner zu haben. Die Arbeitgeber sind gut beraten, den Ansprüchen dieser Generation zu folgen. Denn nicht die Generation Y ist seltsam, sondern die heutige Arbeitswelt. [...]

Aus: Die Zeit 8. August 2013

Fortsetzung auf Seite 67

Fortsetzung von Seite 66

M 4 Karikatur (2015)

Nils Fliegner

M 5 Generationen (2015)

Angegeben sind die Geburtsjahrgänge der Generationen

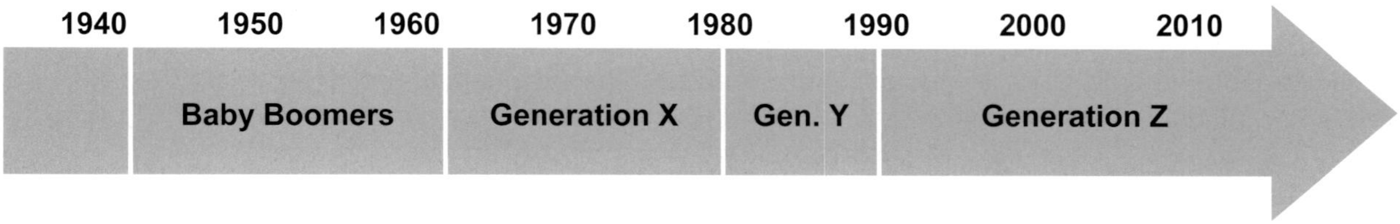

Fortsetzung auf Seite 68

Fortsetzung von Seite 67

Aufgaben

Die Aufgabenstellung verstehen, Vorwissen aktivieren

1. Untersuchen Sie die Aufgabenstellung, indem Sie die folgenden Fragen schriftlich beantworten.
   - Welche Operatoren enthält die Aufgabenstellung und was verlangen sie?
   - Welche Schlüsselbegriffe enthält die Aufgabenstellung, die genauer zu erklären oder zu definieren sind?
   - In welcher Weise sollen Sie auf die Materialien Bezug nehmen?

2. Erklären Sie die Schlüsselbegriffe in der Aufgabenstellung.

3. Erstellen Sie ein Cluster zum Thema „Arbeit“, um sich Ihre eigenen Gedanken zu diesem Thema bewusst zu machen.

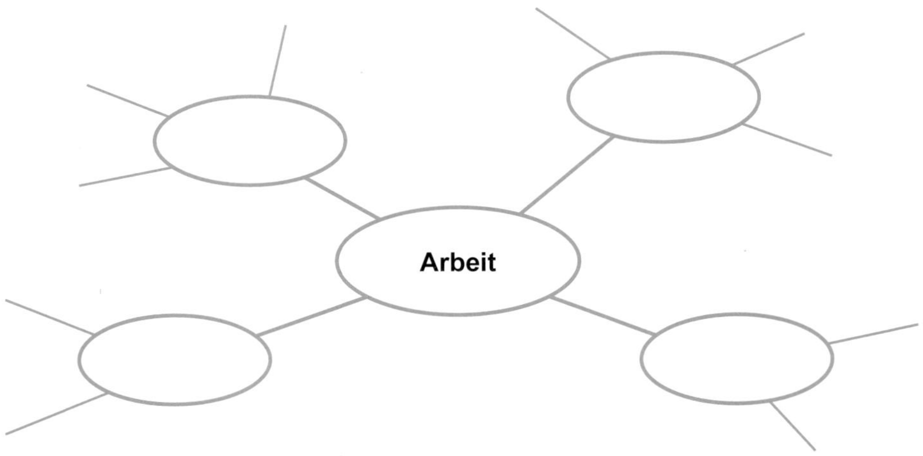

Die Materialien analysieren und in Beziehung setzen

1. Lesen Sie die Materialien gezielt. Markieren Sie wichtige Textstellen, die etwas zu Ihrem Thema beitragen.

2. Setzen Sie die Materialien in Beziehung zueinander. Entdecken Sie Übereinstimmungen und/oder Widersprüche?

3. Untersuchen Sie die Materialien nach den folgenden Gesichtspunkten und notieren Sie Ihre Ergebnisse übersichtlich.
   - Forderungen und Vorstellungen der Generation Y.
   - Argumente, die für die Forderungen der Generation Y sprechen.
   - Ansätze zu einer Kritik an den Forderungen der Generation Y.
   - Ansätze zu einer Kritik des Generationsbegriffs in dem gegebenen Zusammenhang.

Fortsetzung auf Seite 69

Fortsetzung von Seite 68

Die Generation Y – Arbeiten und Leben

Materialgestützt einen argumentierenden Text verfassen

Aufgaben

Einen Schreibplan erstellen

1. Rufen Sie sich noch einmal die Anforderungen an eine Erörterung in Erinnerung. Ziehen Sie hierzu den Steckbrief auf Seite 28 f. heran.

2. Ergänzen Sie die Argumente, die Sie den Materialien entnommen haben, durch eigene Argumente für und gegen die Vorstellungen der Generation Y.

3. Ordnen Sie alle Argumente nach ihrer Aussagekraft, vom schwächsten zum stärksten Argument.

4. Überprüfen Sie noch einmal die Qualität Ihrer Argumente:
   - Welche Argumente erscheinen Ihnen als zu schwach (fehlerhaft, leicht zu widerlegen)?
   - Lassen sich die schwachen Argumente zu überzeugenden Argumenten umformen?
   - Welche Argumente überlagern sich, können also nicht klar als eigenständige Argumente wahrgenommen werden?

5. Erstellen Sie mit Hilfe einer Mindmap eine Gliederung für Ihren Beitrag.

Den Text schreiben

1. Formulieren Sie eine Einleitung zu Ihrer Erörterung. Sie können sich an einem der folgenden Stichpunkte orientieren oder auch ganz selbstständig arbeiten.

   Arbeitsmarktsituation • Globalisierung • „Ich mach dann mal irgendwas mit Medien …“ • „Leben um zu arbeiten“ oder … • Nach dem Abitur

2. Formulieren Sie den Hauptteil und den Schluss Ihrer Erörterung.

Den Text überarbeiten

1. Kontrollieren Sie die Zitate in Ihrem Text.
   - Findet sich bei übernommenen Formulierungen oder Inhalten ein klarer Verweis auf das zugrunde liegende Material?
   - Wird korrekt zitiert?
   - Sind die Zitate (auch) in den fortlaufenden Text integriert oder immer nur am Satzende angehängt.

2. Überprüfen Sie, ob Sie abwechslungsreich formuliert haben.

3. Werden Ihre Leser von Ihnen umfassend und ausgewogen informiert? Verdeutlichen Sie sich bei der Beantwortung dieser Frage noch einmal, dass Ihre Leser die Materialien nicht kennen.

4. Haben Sie Ihrem Text eine Überschrift gegeben und ihn in Einleitung, Hauptteil und Schluss gegliedert?

5. Kontrollieren Sie den sprachlichen Ausdruck, die Grammatik, die Rechtschreibung und die Zeichensetzung.

Anglizismen

Materialgestützt einen argumentierenden Text verfassen

Aufgabenstellung

1. Verfassen Sie auf der Grundlage der Materialien ein Redemanuskript für einen Vortrag, den Sie an der Schüler-Uni zum Thema „Sprachentwicklung" halten sollen. Nehmen Sie persönlich Stellung zu der Frage, wie aus Ihrer Sicht mit Fremdwörtern in der deutschen Sprache umgegangen werden sollte. Beziehen Sie Ihre Kenntnisse aus dem Unterricht mit ein.

M 1 Wolf Schneider: Tot oder lebendig? (2014)

Ja, man kann es übertreiben – nach beiden Seiten. „Heißkäserich" für Cheeseburger, von hartnäckigen Eindeutschern vorgeschlagen, ist kaum empfehlenswert; „Plattenwerfer" für Discjockey klingt hübscher und hätte wohl trotzdem keine Chance; und wer den Bowdenzug durch „Zugkraftdraht" ersetzen wollte, hätte einen Dreisilber geprägt, der es an phonetischem Charme mit der „Nasshaftkraft" der Gebisswerbung aufnimmt.

Doch man kann es auch treiben wie die allzu vielen Möchtegern-Amerikaner unter uns: die Wissenschaftler, die in der Physik siebenmal mehr als im Englischen zu Hause sind, die kalifornisch lackierten, auf Imponierjargon gebürsteten Werbetexter, Marketing Consultants, Manager und Vorstandsassistenten. Zwischen diesen beiden Abgründen bleibt nur das, was allen Rechthabern und Besessenen zutiefst zuwider ist: der Mittelweg – praktische Importe umarmen, lächerliche verscheuchen. Und sich ein Organ dafür bewahren, was der Mensch an seiner Sprache hat. Die großen Sprachen – die deutsche ist eine davon – sind das Weltkulturerbe schlechthin. Millionen haben sie Jahrtausende lang zu ihrer heutigen Höhe aufgeschichtet, mit viel mehr Aufwand und viel mehr Kunst, als an die gotischen Kathedralen oder an die Pyramiden gewendet worden ist; und nun sind alle Erfahrungen und alle Erinnerungen, aller Geist und Witz, alle Leidenschaften, alle Träume, alle Illusionen und Visionen von uns und unseren Ahnen in ihnen gespeichert und zur frischen Nutzung frei. Eine große Sprache – wenn sie noch dazu die Muttersprache ist – zu vernachlässigen, sie zu beschädigen, sie gar preiszugeben, ist eine Dummheit und eine Sünde. „Es wäre eine nützliche, segensreiche Aufgabe", sagt der Betriebslinguist Reiner Pogarell, „unsere Sprache in den Kreis der schützenswerten Kulturgüter aufzunehmen". Die Zukunft des Deutschen zu formen – dazu habe jeder Einzelne die Macht, schrieb Jens Jessen in der Zeit.

picture alliance / Bildagentur-o

Plattenwerfer oder Discjockey?

„Das unterscheidet marodes Deutsch von einem maroden Kernkraftwerk, das nur Experten reparieren können. Das Deutsche wird nicht sterben, es sei denn, die Deutschen wollen es. Es sei denn, sie kapitulieren vor der Werbung, vor der Geschäftssprache, vor dem kollektiven Hass auf alles Komplizierte, den die Medien nähren. Aber selbst wenn das Deutsche stürbe – es würde als tote Sprache weiterleben, als eine Art Griechisch oder Latein der Neuzeit. Die Zahl kanonischer Autoren, von Philosophen wie Dichtern, wird den Gelehrten das Deutsche immer attraktiv erhalten. Das ist vielleicht kein Trost – aber ein Gedankenspiel, das uns Heutigen Respekt vor der achtlos malträtierten Umgangssprache einflößen sollte." Falls wir aber Schluss machen mit dem Malträtieren, falls wir nicht kapitulieren, falls wir uns auch nur ein Drittel jenes Stolzes auf unsere Sprache gönnen, wie die Franzosen ihn ganz selbstverständlich zelebrieren – dann sind die Chancen, dass das Deutsche weiterlebt, nicht schlecht.

Aus: Wolf Schneider. Speak German! Warum Deutsch manchmal besser ist. Rowohlt Verlag. Wieder abgedruckt in: Sprachnachrichten 02/2014, Zeitung des Vereins Deutsche Sprache

Fortsetzung auf Seite 71

Fortsetzung von Seite 70

M 2 Eine kleine Fremdwortgeschichte

Bereits in der Frühzeit der deutschen Sprachgeschichte finden sich fremdsprachliche Ausdrücke, vor allem aus dem Griechischen und Lateinischen, die zugleich mit dem dadurch Bezeichneten übernommen wurden, so z.B. *cirihha* (Kirche, Gotteshaus). [...]

Im hohen Mittelalter kamen viele Bezeichnungen – vor allem auch in Verbindung mit dem Rittertum – aus dem Französischen ins Deutsche, z.B. *aventiure* (Abenteuer) [...].

Das Spätmittelalter und die frühe Neuzeit mit Lehrdichtung, Meistersang und Humanismus zeigen eine Fülle von gelehrten Bildungen zumeist lateinischer Herkunft, z.B. *Accidenz, Argument, artikulieren, Centrum* ...

Im 17. und 18. Jh. herrscht der französische Spracheinfluss deutlich vor. Frankreich war in dieser Zeit die kulturell führende Nation Europas. Ausdrücke wurden u.a. übernommen in den Bereichen der Diplomatie und Verwaltung *(Depesche, Etat, Minister)*, des Handels *(Comptoir, engagieren, Fabrik)*, des Transportwesens *(Karosse, Chaise, Equipage)*, der Esskultur *(Bouillon, Kotelett, Konfitüre)*, der Mode *(Frisur, Garderobe, Korsett)* sowie des gesellschaftlichen Auftretens *(Etikette, Kompliment, parlieren)*.

Das 19. Jh. ist gekennzeichnet durch die Ablösung der französischen durch englische Wortschatzerweiterung. Großbritannien galt als Vorbild u.a. im Bereich der Wirtschaft *(Kartell, Trust)* und der Presse *(Interview, Reporter)*. [...] Ende des 19. Jh.s löst das Englische das Französische als Gesellschaftssprache weithin ab, was auch im Fremdwortschatz seinen Niederschlag findet: *Dandy, Flirt, Smoking, Cocktail*.

Im 20. Jh. gewinnt das Englische auch in Form des Angloamerikanischen weiter an Bedeutung und wirkt bis in den privaten Lebensbereich hinein: *Bestseller, Jazz, Make-up, Pullover, Rocker, Sex, Teenager*. Doch auch andere Sprachen haben Beiträge geleistet, z.B. das Russische: *Datscha, Sputnik, Glasnost, Perestroika*. [...]

Aus: http://www.duden.de/downloads, „Das Fremdwort – Lesenswertes und Interessantes", S. 22f.

M 3 Karikatur (2015)

Fortsetzung auf Seite 72

Fortsetzung von Seite 71

M 4 Kein Deutsch mehr ohne Englisch? (2014)

Viele Deutsche kommen kaum noch ohne Englisch aus. Anglizismen haben sich etabliert. Eine Gruppe von Sprachforschern sieht darin statt einer Bedrohung eine Bereicherung und hat wieder die Anglizismen des Jahres gekürt.

Morgens beim Toast schon mal die Mails checken, am Workplace die To-do-Liste abarbeiten und danach beim Body-Workout oder Sale relaxen, um die Work-Life-Balance nicht zu gefährden: Englische Begriffe haben sich so stark in den Alltag eingeschlichen, dass viele Menschen sie kaum noch als Fremdsprache wahrnehmen. Manche halten das für normal, andere empfinden sie als überflüssig. Der Berliner Sprachwissenschaftler Anatol Stefanowitsch sieht Anglizismen eher als etwas „Natürliches, Kreatives und Bereicherndes“. Er wollte den aus seiner Sicht oft „kulturpessimistischen und von Angst um die deutsche Sprache geprägten Diskussionen“ etwas Positives entgegensetzen und hat vor vier Jahren die Initiative „Anglizismus des Jahres“ ins Leben gerufen. Am Dienstag haben er und Kollegen wieder eine Liste mit den fünf Erstplatzierten veröffentlicht.

Aus 100 Vorschlägen wählte die vierköpfige, unabhängige Jury um Stefanowitsch die Nachsilbe „-gate“ auf Platz eins. Der Begriff, der mit dem Watergate-Skandal von 1972 aus den USA nach Deutschland kam, hat sich aus Sicht der Experten immer stärker in Deutschland etabliert. Allein 2013 wurde er mehr als ein Dutzend Mal genutzt, um Affären und Affärchen zu beschreiben – wie etwa den Abhörskandal um das Kanzlerinnen-Handy („Handy-Gate“) oder das Verschwinden einer Mops-Skulptur in Stuttgart („Mops-Gate“). [...] Die Vorsilbe „Fake-“ (Fälschung), „Whistleblower“ (Enthüller), „Selfie“ für selbst gemachte Porträtfotos und „Hashtag“, ein Rautezeichen zum Verschlagworten von Begriffen im Internet, belegten die weiteren Plätze. [...]

Nach: Berlin/dpa vom 30.06.2014.

M 5 Dudenwortschatz (2014)

Gesamtwortschatz: 140 000 Wörter
Fremdwortanteil allgemein: 25%,
Englisch: 3,5%,
Französisch: 3,5%,
Latein: 6%,
Griechisch: 6%

In Anlehnung an:
http://de.wikipedia.org/wiki/Fremdwort

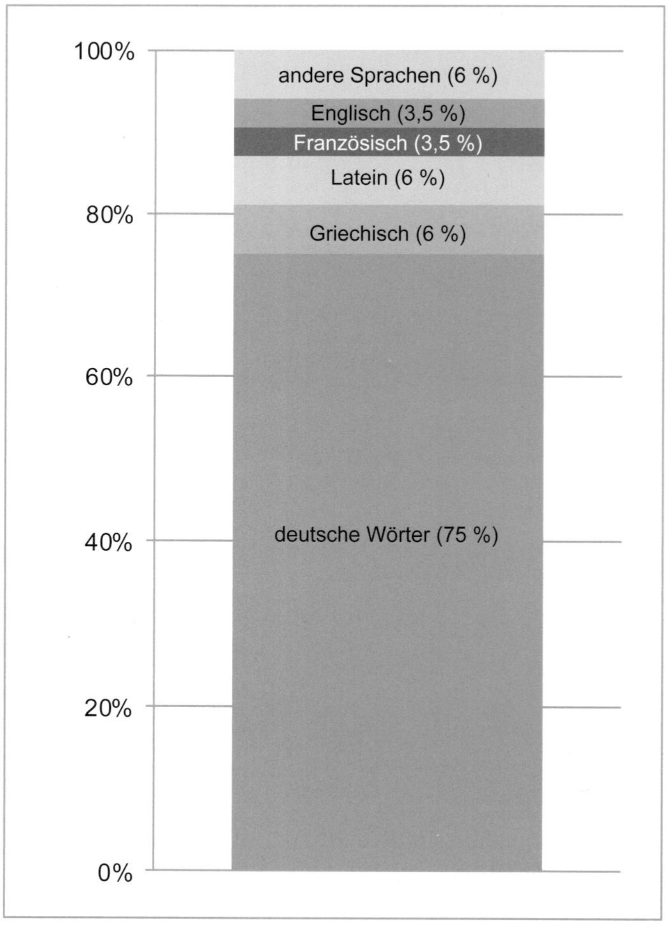

Fortsetzung auf Seite 73

Fortsetzung von Seite 72

Anglizismen

Materialgestützt einen argumentierenden Text verfassen

Aufgaben

Die Aufgabenstellung verstehen, Vorwissen aktivieren

1. Untersuchen Sie die Aufgabenstellung, indem Sie die folgenden Fragen schriftlich beantworten.
   - Welche Art von Text sollen Sie verfassen?
   - Für welchen Anlass sollen Sie den Text verfassen?
   - Welche Operatoren enthält die Aufgabenstellung und was verlangen sie?
   - Welche Schlüsselbegriffe enthält die Aufgabe, die es zu definieren oder zu klären gilt?

2. Formulieren Sie das Thema Ihres Textes mit eigenen Worten.

3. Wann und wo sind Sie dem Thema „Sprachentwicklung“ in Schule, Alltag, Medien begegnet? Notieren Sie nach einem kurzen Brainstorming Stichpunkte.

4. Erstellen Sie eine Mindmap zum Textformat „Rede“. Welche Aspekte sollten Sie bei der Niederschrift des Redemanuskripts (auch sprachlich) berücksichtigen?

Die Materialien analysieren und in Beziehung setzen

1. Arbeiten Sie die Materialien M 1 – M 5 mit Blick auf die Aufgabenstellung gezielt durch.
   - Machen Sie sich Notizen zur Intention der Karikatur.
   - Markieren Sie wichtige Textstellen.
   - Formulieren Sie in ein oder zwei Sätzen die Kernaussage des Diagramms.

2. Fertigen Sie ein Schaubild an, das die Materialien in Beziehung zueinander setzt. Unterscheiden Sie dabei, ob die Materialien eher neutral, eher pro Anglisierung oder eher kontra Anglisierung sind.

3. Schreiben Sie aus den Materialien Thesen und Begründungen und – sofern vorhanden – auch Beispiele heraus.
   Tipp: Auch hinter Karikaturen und Diagrammen verbergen sich Thesen, man muss sie nur selbst formulieren.

Material	These/Behauptung	Begründung	Beispiel
M 1	…	…	…
…	…	…	…

Einen Schreibplan erstellen

1. Rufen Sie sich noch einmal die Anforderungen an eine Rede in Erinnerung. Ziehen Sie dazu den Steckbrief auf Seite 28 f. heran.

2. Planen Sie die Einleitung Ihrer Rede, indem Sie sich fragen, …
   - wie Sie das Interesse Ihrer Zuhörer wecken können,
   - welchen aktuellen Anlass Ihre Rede hat,
   - welchen persönlichen Bezug Sie zum Thema haben.

Fortsetzung auf Seite 74

Fortsetzung von Seite 73

Aufgaben

3. Planen Sie den Hauptteil.
   - Überlegen Sie, ob Sie zentrale Begriffe Ihres Themas kurz erklären sollten, bevor Sie mit dem Abwägen der Pro- und Kontra-Argumente beginnen.
   - Bestimmen Sie Ihren persönlichen Standpunkt.
   - Bauen Sie Ihre Rede rhetorisch geschickt auf:
   - Ordnen Sie zunächst die Argumente der Seite, die Sie nicht vertreten wollen, von stark nach schwach.
   - Ordnen Sie dann die Argumente, die Ihren Standpunkt stützen, vom schwächsten zum stärksten Argument.

4. Planen Sie den Schluss, indem Sie sich fragen, welche Schlussfolgerungen Sie aus den vorgetragenen Argumenten ziehen können.

Den Text schreiben

1. Verfassen Sie Ihr Redemanuskript auf der Grundlage Ihrer Vorarbeiten. Berücksichtigen Sie dabei die besonderen Anforderungen an eine Rede und verwenden Sie eine Sprache, die Ihrer Adressatengruppe angemessen ist.

2. Formulieren Sie im Anschluss an den ersten Argumentationsblock eine Überleitung zur Darlegung Ihres Standpunktes.

____

____

____

Den Text überarbeiten

1. Prüfen Sie die Sprache in Ihrem Text.
   - Wenden Sie sich in Ihrer Rede an Ihre Zuhörer? Sprechen Sie diese mitunter an?
   - Bleibt Ihr Satzbau überschaubar? Sie sollten zu verschachtelte Sätze vermeiden.
   - Benutzen Sie einen angemessenen Wortschatz, der Ihre Zuhörer nicht überfordert?
   - Treffen Sie die Stilebene? Werden Sie nicht zu lässig angesichts einer Zuhörerschaft, die sich aus Schülern rekrutiert?

2. Kontrollieren Sie die Zitate in Ihrem Text.
   - Verweisen Sie bei übernommenen Formulierungen oder Inhalten auf Ihre Quelle (z. B. M5, Z. 8 ff.)?
   - Haben Sie die Regeln für korrektes Zitieren berücksichtigt (z. B. Angleichung des Tempus oder der Flexion)?
   - Sind Ihre Zitate in Ihre eigenen Formulierungen integriert?

3. Überprüfen Sie Ihre Rechtschreibung und Zeichensetzung:
   - Groß- und Kleinschreibung,
   - das – dass,
   - Kommas bei Nebensätzen.

Share Economy – Wollen Sie teilen?

Materialgestützt einen argumentierenden Text verfassen

Aufgabenstellung

1. Für ein Trendmagazin verfassen Sie einen Essay, der sich mit der Frage „Teilen oder besitzen?“ beschäftigt. Beleuchten Sie dabei das Thema von verschiedenen Seiten und entwickeln Sie Ihren Gedankengang durchaus subjektiv. Beachten Sie dabei auch, dass die Leser des Trendmagazins gut ausgebildete junge Erwachsene sind. Der Umfang Ihres Beitrags sollte ca. 1500 Wörter umfassen.

M 1 Sebastian Hofer: Teilen statt kaufen: So klappts auch mit den Nachbarn (2014)

Eine Bohrmaschine bohrt in ihrem Leben durchschnittlich rund 13 Minuten – den Rest der Zeit liegt sie im Schrank. Da könnte man sie doch mal dem Nachbarn leihen. Dann muss der sich nicht auch noch eine anschaffen.

Um die Idee des gegenseitigen Ausleihens von Dingen, die man nicht täglich braucht, zu fördern, geht es bei der Sharing Community mit dem schönen Namen „Pumpipumpe“.

Als Kommunikationsmittel dient dabei kein Nutzeraccount auf einer Webplattform, sondern der eigene Briefkasten. Mit kleinen Piktogramm-Aufklebern teilt man darauf seinen Nachbarn mit, welche Dinge man ihnen leihen würde. 46 handgestaltete Motive hat Pumpipumpe im Angebot: von der Fahrradpumpe über diverse Küchen- und Haushaltsutensilien bis zur Discokugel und dem W-Lan-Anschluss. Natürlich dürfen Fondueset und Racletteöfchen nicht fehlen – die drei Macher des Projekts kommen schließlich aus Bern.

Wer seinen Nachbarn etwas ausborgen möchte, kann die Aufkleber über die Website www.pumpipumpe.ch bestellen. In Deutschland und der Schweiz werden sie kostenlos versendet.

Ob Bücher, Kleidung, Lebensmittel oder der Schlafplatz auf dem Sofa, fast alles lässt sich inzwischen – meist über das Internet – tauschen und teilen. Doch während es bei manchen Plattformen […] letztlich doch darum geht, Geld zu verdienen, und sich vor allem Investoren über die hohen Nutzerzahlen freuen, soll bei Pumpipumpe niemand reich werden.

„Wir arbeiten nicht profitorientiert“, sagt Lisa Ochsenbein, die Pumpipumpe gemeinsam mit der Illustratorin Sabine Hirsig und dem Designstrategen Ivan Mele gegründet hat. „Uns geht es um ein bewussteres Konsumverhalten.“ Mehr teilen, weniger kaufen. Der zweite wichtige Aspekt ist das Soziale. „Wir wollen die Leute lokal vernetzen“, sagt die Produktdesignerin. Während man bei Sharing-Plattformen im Internet aufwendig Accounts anlegen und Fotos hochladen muss, sollte Pumpipumpe möglichst simpel, lokal und generationenübergreifend sein.

http://www.spiegel.de/wirtschaft/service/share-economy-werkzeug-ausleihen-ueber-den-eigenen-briefkasten-a-988403.html

M 2 Kathrin Werner: Teilst du schon? (2014)

Für die alten Marken ist das Ganze ein Drama. Der Car-Sharing-Service Zipcar geht gern damit hausieren, dass jedes der geteilten Fahrzeuge 15 Autos ersetzt. Die Hersteller von Autos, Brautkleidern oder Schlagbohrern wollen natürlich, dass Leute kaufen, nicht teilen und leihen. Für die Volkswirtschaft und die Umwelt wird das Phänomen mittelfristig aber gut sein. Wenn Menschen weniger Krempel anhäufen, muss weniger produziert werden. Wenn mehr Leute in fremder Leute Betten übernachten, müssen weniger Hotels gebaut werden. Das klingt erst einmal so, als würde der Konsum schrumpfen. Aber das Geld, das der Einzelne spart, weil er den Bohrer nicht kaufen muss, ist für die Volkswirtschaft nicht verloren. Es wird an anderer Stelle ausgegeben, an der es sinnvoller ist. Und der Verbrauch von Energie und anderen Ressourcen sinkt pro Konsumgut. Viele Konsumenten finden es übrigens positiv, wenn ihr Geld bei Mitmenschen landet statt bei Großkonzernen. Die Sharing Economy trägt zur Demokratisierung der Wirtschaft bei.

http://www.sueddeutsche.de/wirtschaft/2.220/trend-sharing-economy-teilst-du-schon-1.1989642

Fortsetzung auf Seite 76

Fortsetzung von Seite 75

M 3 Karikatur (2015)

Nils Fliegner

M 4 Mark Böschen: Das Teilen ist nur Tarnung (2014)

Social Tourism, Share Economy – die Schlagworte klingen wunderbar. Warum soll meine Wohnung im Urlaub leerstehen, wenn sie doch jemand nutzen kann, der vielleicht auch noch zum Freund wird?
Die Wirklichkeit sieht anders aus. Anbieter wie Airbnb machen einen beträchtlichen Teil ihres Umsatzes mit Profivermietern. Laut einer Untersuchung der Stadt New York sind das 37 Prozent des Umsatzes. 72 Prozent der vermittelten Angebote sollen gegen Gesetze verstoßen haben. Vermeintliche Privatwohnungen werden mit Hilfe der Online-Börsen zu Hostels, ohne dass die Besitzer die vollen Steuern und Sozialabgaben für Profibetreiber zahlen.
In Deutschland ist es ähnlich, war schon auf der Internationalen Tourismusbörse in Berlin zu erfahren. Auf die Frage, welcher Anteil der Nutzer denn mehr als eine Wohnung anbiete (ein klares Indiz für Profivermieter), gab Roman Bach, der Chef des Airbnb-Konkurrenten 9flats, eine erfrischend offene Auskunft, nachdem ein Wettbewerber auf dem Podium die Frage ausweichend beantwortet hatte. […] „Wir haben vielleicht 30 Prozent an Leuten, die mehr als eine Wohnung listen. Aber jetzt kommt der wichtige Punkt, der meist nicht genannt wird: Wir machen 80 Prozent unseres Umsatzes mit professionellen Immobilienbesitzern oder Agenturen."

http://www.manager-magazin.de/lifestyle/artikel/share-economy-teilen-nur-tarnung-siehe-airbnb-und-9flats-in-berlin-a-997805.html

Fortsetzung auf Seite 77

Fortsetzung von Seite 76

M 5 Götz Hamann: Kampf um den Fahrgast (2014)

VISUM

Ein Taxiunternehmer muss sein Gewerbe anmelden. Wer ein Taxi lenkt, braucht einen Personenbeförderungsschein: Führungszeugnis, Gesundheit und Ortskenntnis werden geprüft. Uber pfeift auf diese Bestimmungen. Geeichtes Taxameter, jährlicher TÜV, Versicherung für Passagiere – Pflicht für den Taxler, nicht aber für UberPop-Privatfahrer. Führerschein, guter Leumund und ein Auto, das jünger als zehn Jahre ist. Das war's. Ein Taxi muss jeden Gast mitnehmen, Uber nicht.

Kein Wunder, dass eine von UberPop vermittelte Fahrt meist etwas billiger ist als die mit der Taxe. Zumal deren Fahrer nur den von den Städten festgelegten Tarif verlangen darf – nicht mehr, aber auch nicht weniger. Uber ist billiger, weil es Standards unterbietet. Was kümmert die Kalifornier das deutsche Sozialsystem, was kümmert sie die Sicherheit? Cool will Uber sein!

Das ist verlogen. Denn es wird eine erzkapitalistische Veranstaltung unter dem Deckmantel der Idee des Teilens verkauft. Aber UberPop ist keine Mitfahrzentrale, bei der nur das Benzingeld umgelegt wird. Bei Uber – der Unternehmenswert wird auf 17 Milliarden Dollar geschätzt – wollen Geldgeber wie Goldman Sachs oder Google fette Profite machen. Das Risiko tragen allein die Fahrer und die Kunden.

Fazit: Die Geschäftsidee ist nichts weiter als die Anstiftung zur Schwarzarbeit im großen Stil. Für die privaten Fahrer rechnet sich der Nebenjob nur, wenn sie ihre Umsätze brutto für netto nehmen.

http://www.zeit.de/2014/38/uber-pro-contra

M 6 Wie schätzen Sie die Share Economy persönlich ein? (2014)

Welchen der folgenden Aussagen stimmen Sie persönlich zu? (2054 Befragte)

	14 bis 29 Jahre	30 bis 39 Jahre	40 bis 49 Jahre	50 bis 59 Jahre	60 Jahre und älter
Leihen statt kaufen ist ein nachhaltiger Ansatz, der Ressourcen und Geld spart und die Umwelt schont.	84,9 %	85,1 %	82,6 %	78,4 %	65,2 %
Leihen statt kaufen wird ein erfolgreiches Modell der Zukunft sein.	51,1 %	52,9 %	44,0 %	45,8 %	44,1 %
Ich sehe Angebote der Share Economy kritisch, weil sie die deutschen Arbeitsschutz- und Sicherheitsstandards untergraben.	19,4 %	29,3 %	31,1 %	29,7 %	28,7 %
Ich sehe Angebote der Share Economy kritisch, weil sie der Steuerhinterziehung Vorschub leisten.	15,7 %	17,4 %	25,7 %	25,1 %	21,6 %

Quelle: GfKerein/Spiegel Online, Studie „Sharing Economy 2014"

Fortsetzung auf Seite 78

Fortsetzung von Seite 77

Share Economy – Wollen Sie teilen?
Materialgestützt einen argumentierenden Text verfassen

Aufgaben

Die Aufgabenstellung verstehen, Vorwissen aktivieren

1. Beurteilen Sie spontan, ob Sie sich für einen „Teiler" oder einen „Besitzer" halten.

2. Überlegen Sie, warum Sie zu einem „Teiler" oder einem „Besitzer" geworden sind.

3. Notieren Sie Ihre Gedanken zum Thema in diesem Koordinatensystem:

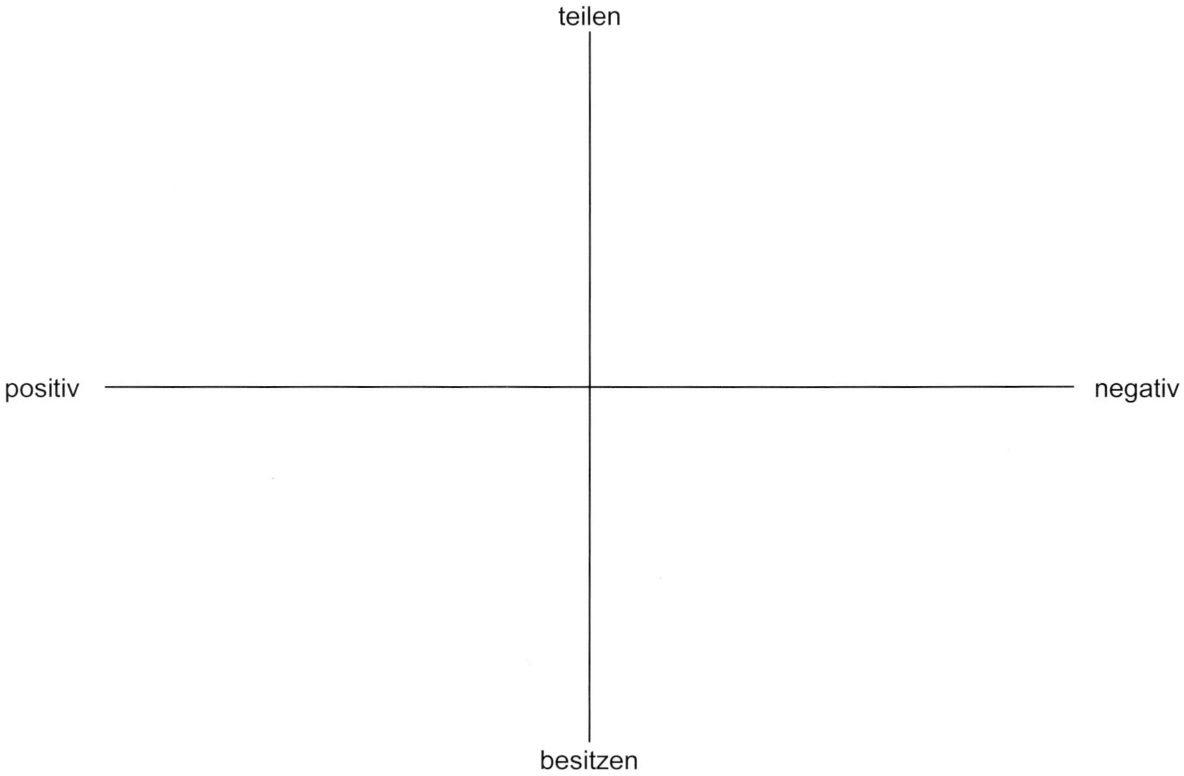

4. In der Aufgabenstellung (S. 75) ist eine Zielgruppe angegeben. Formulieren Sie in Stichpunkten, welche Relevanz diese Information für Ihren Essay hat.

____

____

Die Materialien analysieren und in Beziehung setzen

1. Lesen Sie sich die Texte durch und betrachten Sie die Karikatur und die Grafik.
   Formulieren Sie anschließend zu jedem Material eine eigene, möglichst prägnante Überschrift.

2. Teilen oder besitzen?
   a) Formulieren Sie Ihre Antwort auf diese Frage in einem Satz. Notieren Sie Ihren Satz in der Mitte eines leeren Blattes.
   b) Entnehmen Sie den Materialien Argumente und notieren Sie sie in Kurzform um Ihren Satz herum.
   c) Verdeutlichen Sie durch Linien, welche Notizen auf Ihrem Blatt sich widersprechen und welche (teilweise) übereinstimmen.

Fortsetzung auf Seite 79

Fortsetzung von Seite 78

Aufgaben

Einen Schreibplan erstellen

1. Rufen Sie sich noch einmal die Anforderungen an einen Essay in Erinnerung. Ziehen Sie dazu den Steckbrief auf Seite 28 f. heran.

2. Halten Sie die Struktur Ihres Essays mit grafischer Unterstützung fest. Bedenken Sie dabei, dass ein Essay ein erörternder Spaziergang ist, der dennoch auch einem roten Faden folgt.
   a) Übertragen Sie die Grafik größer in Ihr Heft und notieren Sie in den Rahmen Stichpunkte zu vier bis fünf Stationen. Es sollten sich Stichpunkte zur Einleitung, zum Schluss und zu einem starken Argument für Ihre Position finden.
   b) Notieren Sie links und rechts des geschwungenen Pfeils Stichpunkte zu den gedanklichen Umwegen, die Ihr Essay nehmen soll. Dabei können Sie z. B. links Stichpunkte zum Thema „Teilen“ und rechts Stichpunkte zum Thema „Besitzen“ festhalten.

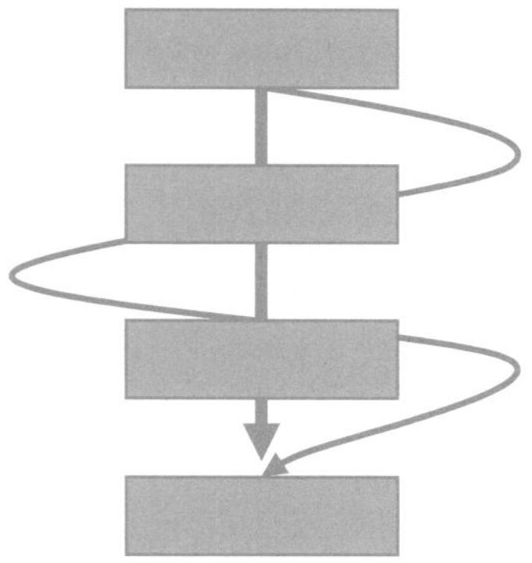

Den Text schreiben

1. Erproben Sie verschiedene Möglichkeiten, das Leserinteresse zu wecken, z. B:
   - eine Einleitung mit einer überraschenden Information aus den Materialien,
   - eine Einleitung mit einer passenden persönlichen Erfahrung,
   - eine Einleitung mit einem geeigneten Zitat,
   - eine Einleitung mit einer Provokation,
   - eine Einleitung mit einem scheinbar unpassenden Gedanken.

2. Formulieren Sie drei bis vier Textblöcke aus. Nutzen Sie dabei bewusst die Möglichkeiten, die Ihnen der Essay bietet: Beschreiben, zitieren, argumentieren und erzählen Sie.

3. Experimentieren Sie mit der Reihenfolge der Textblöcke aus Aufgabe 2.

4. Formulieren Sie weitere Textblöcke und den Schluss Ihres Essays.

Den Text überarbeiten

1. Ordnen Sie Ihren Text im Spannungsfeld zwischen „Erörterung“ und „Erzählung“ ein. Keine der beiden Positionen sollte überbetont sein.

2. Untersuchen Sie das Verhältnis Ihrer Textteile: Müssen Überleitungen zwischen den Teilen verbessert oder ganze Teile herausgenommen oder ergänzt werden?

3. Überprüfen Sie den Stil Ihres Essays:
   - Verwenden Sie ausreichend viele rhetorische Mittel?
   - Ist Ihr Sprachniveau bei Wortschatz und Satzbau hoch genug?
   - Ist der Essay anschaulich und abwechslungsreich genug?

Lösungen

Seiten 7 und 8
Auf den Operator kommt es an!

zu 1 und 2:
Reproduktion:
1. beschreiben
2. darstellen, wiedergeben
3. zusammenfassen

Reproduktion und Transfer:
4. analysieren, untersuchen
5. begründen
6. einordnen, zuordnen, in Beziehung setzen
7. erläutern, erklären
8. erschließen, herausarbeiten
9. vergleichen, gegenüberstellen

Reflexion und Problemlösung:
10. beurteilen
11. bewerten
12. kritisch Stellung nehmen
13. diskutieren, sich auseinandersetzen mit
14. prüfen, überprüfen
15. erörtern
16. entwerfen, gestalten
17. entwickeln
18. interpretieren, deuten

Seiten 22 und 23
Richtig zitieren

zu 4:
a) Lobo beschreibt, wie der Wiener Architekt Alexander engagiert wurde. (Z. 1)
   Lösung: „vgl." fehlt, Zeilenangabe zu knapp
b) „Anfängliches Zögern" (Z. 1) ging nach Lobo dem Engagement von Christopher Alexander voraus.
   Lösung: Kasus unzulässig verändert
c) „Dieses Verfahren brachte das effizienteste Wegenetz hervor"(Z. 16 ff.), berichtet Lobo.
   Lösung: Auslassung ist nicht gekennzeichnet.
d) „[K]ein einzelner Landschaftsgärtner hätte die Wege exakt so anlegen können" (vgl. 18 f.), sagt Lobo.
   Lösung: direktes Zitat, „vgl." überflüssig